Gottlob Christian Rapp

Über die Untauglichkeit des Prinzips der allgemeinen und eigenen Glückseligkeit

Zum Grundgesetz der Sittlichkeit

Gottlob Christian Rapp

Über die Untauglichkeit des Prinzips der allgemeinen und eigenen Glückseligkeit
Zum Grundgesetz der Sittlichkeit

ISBN/EAN: 9783743677999

Hergestellt in Europa, USA, Kanada, Australien, Japan

Cover: Foto ©Thomas Meinert / pixelio.de

Weitere Bücher finden Sie auf **www.hansebooks.com**

Als ich die Grundlegung zur Metaphysik der Sitten das erstemal las, befremdeten mich die hart scheinenden Vorwürfe, die der berühmte Verfasser dem moralischen Prinzip der Selbstliebe machte. Es fiel mir auf, daß Er die Forderungen dieses Gesezes ganz auf sinnliches Wohlseyn einschränkte, und es schien mir nicht schwer zu seyn, sobald man den Begriff der Glückseligkeit recht bestimmte, und, wie es denn auch längst von den Vertheidigern jenes Prinzips gemeynt war, auch den Selbstgenuß der Willensgüte in denselben mit aufnähme, die gemachten Einwürfe zu beantworten.

Ich widerlegte sie also bey mir selbst; durch eben die Gründe, die ich in der folgenden Abhandlung dem Eudämonisten zu seiner Rechtfertigung in den Mund lege. Bald ward ich aber gewahr, daß diese Rettung des Prinzips der eigenen Glückseligkeit so gar nicht im Stande sey, es als Grundgesetz der Sittlichkeit zu retten, daß vielmehr eine solche Rechtfertigung selbst seine Untauglichkeit hierzu in das helleste Licht setze.

Ich fand, daß man nothwendig, um von moralischer Glückseligkeit sprechen zu können, die Sittlichkeit, als etwas, das von jener verschieden wäre, und folglich auch dem Prinzip der sittlichen Glückseligkeit das Prinzip der Moralität voraussetzen müsse, und daß, so lange man dieses nicht thue, das Prinzip der Glückseligkeit das gerade Widerspiel der Sittlichkeit sey.

Dieß zu beweisen, ist die Hauptabsicht des vorliegenden Versuchs. Er wurde hauptsächlich durch einige, in der folgenden Abhandlung öfters angeführte, Aufsätze eines sehr scharfsinnigen Verfassers in dem Braunschweischweigischen Journal veranlaßt, worinn das Prinzip der allgemeinen und eigenen Glückseligkeit gegen Kant zu retten gesucht wird.

Meine Absicht ist nur, zu zeigen, daß auch die künstlichsten Wendungen, wodurch die Vertheidiger dieses Prinzips, das, wenn es gerettet werden könnte, durch jenen würdigen Verfasser gewiß gerettet worden wäre, sich zu helfen suchen, doch zu dieser Absicht nicht hinreichend seyen. Ich weiß, daß ich in diesem Versuch nicht alles gesagt habe, was sich gegen das Moral-Prinzip der Glückseligkeit sagen läßt, daß ich nicht alle Folgerungen, worinnen sich seine Verwerflichkeit offenbart, daraus hergeleitet habe: dieß letztere haben andere schon hinlänglich gethan. Ich konnte mir, meiner Absicht nach, genügen lassen, nur so viel, als zum Beweis der Untauglichkeit dieses angeblichen Grundgesetzes der Sittlichkeit erfordert wurde, auszuheben, und das, was in einigen weitumfassendern Werken berühmter Schriftsteller nur angedeutet werden konnte, so weit auszuführen, als mir zur Ueberzeugung der Gattung von Lesern, für die ich eigentlich schreiben wollte, nöthig schien.

Die

Die Befugniß, das Prinzip der eigenen Glückseligkeit das nicht Grundgesetz der Sittlichkeit seyn kann, als höchsten Grundsatz der freyen Handlungen dennoch in dem angegebenen Sinne gelten zu lassen, hoffe ich gegen das Ende der Abhandlung deutlich genug dargethan zu haben.

Jede Zurechtweisung von billigen und befugten Richtern werde ich übrigens mit vielem Dank annehmen und benutzen.

Jena,
den 6. August. 1790.

Der Verfasser.

Nichts ist gewisser, als daß Tugend der sicherste und genaueste Weg zu wahrer dauerhafter Glückseligkeit ist; und nichts ist wünschenswerther, als daß die Ueberzeugung von der großen Wahrheit an aller Menschen Herzen recht lebendig und würksam würde. Dank und Ehre verdient daher Jeder, der nach Maasgabe seiner Fähigkeiten und seines Würkungskreises das Seinige darzu beyträgt, daß diese wichtige Ueberzeugung sich immer weiter ausbreite, und in den Gemüthern tiefere Wurzeln fasse.

Im Gegentheil würde sich der ein schlechtes Verdienst um Beförderung und Ausbreitung tugendhafter Gesinnungen und Handlungen erwerben, der die Welt belehren wollte, es sey jener gepriesene Zusammenhang zwischen Tugend und Glückseligkeit ein eitles Traumbild; aufopfern müsse der Tugendhafte sein Wohlseyn seinen Pflichten, weil mit deren Vernachläßigung sich die Erwerbung der Glückseligkeit allein verbinden lasse.

Eine solche Entdeckung, zumalen wenn sie durch einen Mann gemacht würde, der um seines Scharfsinns und seiner Wahrheitsliebe willen in allgemeiner Achtung stünde, würde, wenn auch das Ideal der Tugend noch so herrlich und reitzend gezeichnet würde, zur Anfeurung ihrer kalten Bewunderer und zur Aufmunterung ihrer muthlosen Verehrer sehr wenig geschickt seyn.

Diese Entdeckung aber scheint der große Bestreiter aller materialen Prinzipien der Sittlichkeit in seinen unsterblichen Werken der Welt vor Augen gelegt zu haben. Was Wunders, wenn man also bereits manchen redlichen Tugendfreund seine kläglich Stimme gegen diese gefährliche Lehre erheben hört: wenn mancher mit edlem Enthusiasmus die Tugend wieder in ihre Rechte einzusetzen sich bestrebt.

Es ist aber von Kant mit der auffallenden Entgegensetzung der Sittlichkeit und Glückseligkeit nicht so böse gemeint, als manche wohl glauben möchten. Er begehrt das, was man Selbstbelohnung der Tugend, oder auch moralische Glückseligkeit nennt, nicht zu läugnen, er nennt es nur **Zufriedenheit**, im Gegensatz gegen die Glückseligkeit, als worunter er eigentlich das **sinnliche Wohlseyn** versteht, das die Befriedigung des untern Begehrungsvermögens zum Gegenstande hat.

Besorgen aber seine Gegner daraus eine Gefahr für die Tugend, daß Kant und seine Anhänger die Tauglichkeit des Prinzips der Glückseligkeit zu einem Grundgesetz der Sittlichkeit läugnen und bestreiten, so ist ihre Furcht völlig ungegründet, indem durch die Aufstellung eines andern Prinzips jener Zusammenhang im mindesten nicht geläugnet und aufgehoben wird: und suchen sie der guten Sache dadurch wieder aufzuhelfen, daß sie aufs neue ihre Kräfte aufbieten, den Grundsatz der Glückseligkeit in seine vermeinten Rechte, erstes Grundgesetz der Moral zu seyn, wieder

der einzusetzen, so besorge ich sehr, ihre gutgemeinte Bemühung sey bereits durch das neue Licht das Kant für die moralischen Wissenschaften aufgesteckt hat, auf immer vereitelt.

Daß der Irrthum, in dem sich die Vertheidiger des Prinzips der Glückseligkeit befinden, sehr natürlich sey, daß er bis zur blendendsten Täuschung die Gestalt der Wahrheit annehmen könne, daß manche seiner scharfsinnigen Verfechter in seiner Rechtfertigung zur Bewunderung glücklich gewesen seyen, weiß jeder, der in dem Studium der Moral kein Fremdling ist. Eben so wahr ists, daß manche Vorwürfe, die man ihnen gemacht hat, sie nicht treffen und von ihnen zum Theil zu völliger Befriedigung beantwortet sind. Aber ob sie alle Einwürfe beantworten, oder wenigstens auf eine allgemein befriedigende Art beantworten können, das ist eine andere Frage.

Die Eudämonisten (man erlaube mir, die Vertheidiger des Prinzips der Glückseligkeit um der Kürze willen so zu nennen) theilen sich in drey Hauptparteyen, deren eine die allgemeine Glückseligkeit, das Wohl des Ganzen, die andere eigene Glückseligkeit für den Richtungspunkt eines guten Willens ausgiebt, die dritte aber, um das sicherste zu wählen, beydes mit einander verbindet *).

*) Das Hutchesonsche System, wodurch eine weitere Classifikazion nöthig würde, rechne ich nicht, mit Kant und anderen, zu den eudämonistischen, weil es nicht den Begriff der Glückseligkeit zum principium cognoscendi in der Moral macht, und deswegen außer meinem gegenwärtigen Plan liegt.

Die erste stellt also folgenden Satz als Grundgesetz der Sittlichkeit auf: Thue das, was das Wohl aller vernünftigen Geschöpfe am meisten befördert. Die andere: Thue das, was dir in der ganzen Zeit deines Daseyns die meiste angenehme Empfindung verschafft.

I. Durch welchen Ideengang kam man nun darauf, den Grundsatz allgemeiner Glückseligkeit zum höchsten der Sittlichkeit zu machen? Man schloß folgendermaßen*). Wenn es ein Ganzes giebt, das einen gewissen Plan hat, zu irgend einem letzten Endzweck eingerichtet ist, so kann nichts gut seyn, als was diesem Zweck des Ganzen gemäß ist. Ob irgend ein Wesen Theil eines systematischen Ganzen sey, erkennt man daran, wenn etwas in ihm ist, das auf etwas außer ihm Beziehung hat. So finden wir, daß z. E. die Menschen auf einander Beziehung haben, daher macht diese ganze Art von Geschöpfen ein System aus, wir finden aber durch die Beziehung die wir auf andere Geschöpfe und sie auf uns haben, daß wir mit ihnen zu einem großem System verbunden sind, wir finden, daß alle lebendige Wesen die wir kennen, in ein System, die Thiere wieder mit den Vegetabilien, und so alles mit der Erde, diese mit andern Weltkörpern und alles im Universum zu einem großen Ganzen verbunden sey, von dem jedes Einzelne ein Theil ist. In diesem allem kann also kein besonderes Wohl für einen einzelnen Theil seyn; sondern in Absicht auf das Ganze muß alles besondere Wohl oder Uebel ein Wohl

---

*) Vergl. Shaftesbury von der Tugend.

Wohl seyn. Das wahre absolute Uebel ist also nur das, was dem Ganzen System des Universums Uebel ist.

Gut oder bös ist ein Geschöpf, wenn es nach seiner Neigung und seinem Willen andern nützlich oder schädlich ist. Und weil alles zu einem Ganzen verbunden ist, so besteht die Güte eines Wesens, das allgemeiner Begriffe und Grundsätze fähig ist darinn, daß es das allgemeine Beste sich zum Ziel seiner freyen Handlungen setzt. Was also um des Privatwohls willen gethan wird, wenn es auch schon dem Ganzen nützt, ist doch nicht weiter gut, als die Neigung würklich das gemeine Wohl zum Zweck hat. Und eine Creatur (die diesen Gesichtspunkt fassen kann) ist immer fehlerhaft, so oft die Neigung zum Privatvortheil das wahre Motiv ihrer Handlungen ist.

Daraus folgt also, daß jedes vernünftige Wesen das Wohl des Ganzen, als den Zweck aller Zwecke sich zum Richtungsgrund aller seiner Handlung machen müsse. Und für diesen Beruf bürgt uns auch die Einrichtung unsrer Natur, kraft deren die gemeinnützige (natürliche) Neigungen die unmittelbare sichere Quellen eigener Glückseligkeit, die eigennützige (selbstische) Neigungen aber, und die feindselige (unnatürliche), unmittelbare Quellen der Unglückseligkeit sind.

Es fragt sich nun, taugt der Grundsatz der allgemeinen Glückseligkeit, vorausgesetzt, daß wir alle Folgen einer Handlung auf diesen Zweck des Ganzen berechnen könnten, zu einem Grundgesetz der Sittlichkeit? läßt sich daraus, daß eine Handlung das allgemeine

meine Wohl befördert, mit Sicherheit schließen, daß sie sittlich gut sey? Wir wollen die Sache nach einigen Beyspielen prüfen *). „Ein Mann, der auf einem hohen Posten stehet, erhält von seinem Landesherrn, dem er sein ganzes Glück zu verdanken hat, den Antrag, ihm zur Unterdrückung eines Unschuldigen, dessen Verderben er beschlossen hat, behülflich zu seyn. Er weigert sich. Der Fürst droht mit Entlassung — mit Gefängniß. Der rechtschaffene Diener sieht voraus, daß, wenn er auf seiner Weigerung beharrt, sein Untergang unvermeidlich ist. Aber noch mehr: alle die vortrefflichen Entwürfe, die er zum Besten des Vaterlands auszuführen gedachte, werden durch seine Entsetzung vereitelt. **Er macht einem Unwürdigen Platz, der unsägliches Elend stiften wird.** Ja er kann sich leicht vorstellen, daß der Unschuldige, an dessen Unterdrückung er keinen Antheil haben wollte, dem Verderben doch nicht entgehn werde, was soll er thun?“

Es ist ganz einleuchtend, wenn die Begriffe des Guten und Bösen nichts anders als das Verhältniß zu der (allgemeinen) Glückseligkeit ausdrücken sollen, wenn das **Nützliche, gut,** das **Schädliche, böse** ist, wenn sittliche Güte in der Neigung zum allgemeinen Wohl, oder in der Beabsichtung desselben besteht, wenn eine Handlung von deren ich überwiegende schädliche Folgen mit Gewißheit voraussehe, freywillig unternommen, eine schlechte Handlung ist, so muß dieser Mann am Unschuldigen zum Verräther werden.

Wie-

---

*) Sie sind entlehnt aus einem Aufsatz des Herrn Prorektor Snell im Braunschw. Journal 1788. 9 St.

Wiederum: „Wenn mir der Gedanke auffliege, einem reichen Manne der gar die Gewohnheit nicht hätte, von seinem Vermögen einen nützlichen Gebrauch zu machen, und mit dem ich in allerley Verbindungen und Geschäfften stünde, von Zeit zu Zeit, heimlich, so daß er es gar nicht merken könnte, eine Kleinigkeit zu entwenden, um eine dürftige Familie zu unterstützen, verlassene Waisen erziehn zu lassen u. s. w. Darf ich es thun? Kann auf die Art nicht viel Menschenglück ohne Jemands Kränkung befördert werden? Der Reiche wird seinen Verlust nie fühlen, weil er ihn nicht erfährt. Dürftig wird ihre Noth erleichtert, mancher brauchbare, der Gesellschaft nützliche Mensch wird dem Staube in dem er nicht wirken konnte, entrissen. Wer wollte läugnen, daß dieser Fall, eben so, wie der obige, unter die Regel gehöre? Wer in aller Welt aber, selbst unter allen Evdämonisten, wer wird zugeben, daß dieß sittlich gute Handlungen seyen?

Nun dürfen wir doch ohne Anstand folgenden Satz als Axiom festsetzen: **Wenn irgend ein Grundsatz so beschaffen ist, daß unläugbare schlechte Maximen unter ihn richtig subsumirt werden können, so ist er zu einem Grundgesetz der Sittlichkeit untauglich.**

Wenn also dieses Urtheil den Grundsatz der allgemeinen Glückseligkeit nicht treffen sollte, so müßte gezeigt werden, entweder, daß es nicht böse sey, mit Wissen und Willen das Unglück eines Unschuldigen zu befördern, und einen rechtmäßigen Eigenthümer des

Seinigen zu berauben, oder daß obige Fälle unter das Prinzip der allgemeinen Glückseligkeit fälschlich subsumirt seyen.

Was den erstern Punkt betrifft, so wird den erstern Fall niemand bejahen, in Ansehung des andern aber könnte man noch Ausnahmen machen, und zeigen, daß es würklich Fälle gebe, in denen alle Moralisten den Diebstahl für erlaubt und pflichtmäßig erklärten, wie solches von einem anonymischen Vertheidiger des Prinzips der Glückseligkeit im Braunschweigischen Journal (1788. 12 St. S. 479.) geschehn ist. Wem es nun beliebig ist, den oben erwähnten Fall auch unter diese Ausnahmen zu rechnen, den kann freylich niemand zwingen, das Gegentheil zu thun. Uebrigens würden unter denen, die ihrem System zu Ehren hier eine Ausnahme machten, wenige seyn, die es genehmigten, daß auf ihre Kosten, wenn auch gleich ohne ihr Wissen, dergleichen gemeinnützige Handlungen ausgeübt würden, und gewiß auch wenige, die sich selbst zu solchen Handlungen entschließen möchten. Wer aber die Unsittlichkeit eines solchen Falls nicht läugnet, und was das erstere Beyspiel betrifft, auch nicht läugnen kann, der muß sich dadurch helfen, daß er behauptet, die Fälle gehören nicht unter die Regel. Der eben erwähnte Vertheidiger des Eudämonismus, der überzeugt ist, daß eine von der Vernunft einmal als sittlich gut anerkannte Maxime offenbar aufhöre, sittlich gut zu seyn, so bald die Beobachtung derselben nicht überwiegenden Vortheil im Ganzen, sondern vielmehr das Gegentheil bewirke, schließt

schließt diese Handlungsfälle aus dem Grund von der Subsumtion unter sein Gesetz aus, weil in denselben der Pflicht, wohlthätig zu seyn, eine höhere Pflicht, nemlich die der Gerechtigkeit im Weg steht. Höher aber sey die letztere deswegen, weil ohne Gerechtigkeit die menschliche Gesellschaft und die ganze gesellige Glückseligkeit nicht bestehn könne (S. 479). In dieser Schlußart liegt eine offenbare Petitio Prinzipii. Man hielt ihm Maximen entgegen, die der Pflicht der Gerechtigkeit zuwider laufen, durch sein Prinzip aber gerechtfertigt werden. Diesen Einwurf kann er nun nicht dadurch zurücktreiben, daß er sagt, die Gerechtigkeit sey eine höhere Pflicht, weil sie für die gesellige Glückseligkeit wesentlicher sey. Dieses ist es ja eben, was man im vorliegenden Fall läugnet, und was er also, *gerade für diesen Fall*, erst beweisen soll.

Daß die Gerechtigkeit im allgemeinen, in den meisten Fällen, für das Wohl der Menschheit wichtiger sey, als die Wohlthätigkeit, wird niemand läugnen, aber daß es auch entgegengesetzte Fälle gebe, wurde durch die angeführte Beyspiele gezeigt. Nun wurde geschlossen: Wenn offenbar durch eine gewisse ungerechte Handlungsart das Wohl des Ganzen mehr als durch die entgegengesetzte, gewinnt; so muß der, der die **Rechtmäßigkeit der Maximen blos nach ihrem Einfluß aufs gemeine Wohl** beurtheilt, zugeben, daß jene ungerechte Handlungsart sittlich gut sey. Nun aber sind diese und jene Maximen von dieser Beschaffenheit u. s. w.

Den Obersatz muß der Eudämonist zugeben, und unser Verfasser giebt ihn ja vollkommen zu, in der angeführten Behauptung, daß eine von der Vernunft gebilligte Maxime aufhöre sittlich gut zu seyn, so bald sie nicht überwiegenden Vortheil im Ganzen bewirke. Also sollte er gezeigt haben, daß die Befolgung der Pflicht der Gerechtigkeit, auch in den vorgelegten Handlungsfällen, im Ganzen ihrer Folgen, überwiegende Vortheile bewirke. Er mußte also die Falschheit des Untersatzes beweisen. Diese kann aber jedoch unmöglich dadurch bewiesen werden, daß in tausend andern Fällen die Gerechtigkeit mehr zum Wohl des Ganzen diene, als die Ungerechtigkeit. Diese Analogie würde nur alsdann zur Entscheidung tauglich seyn, wenn es von irgend einer Maxime noch ungewiß wäre, ob durch ihre Annahme mehr Gutes oder Böses gestiftet würde, sie hätte aber den Charakter der Ungerechtigkeit; dann würde sie der Eudämonist verwerfen müssen, weil die Erfahrung lehrt, daß Gerechtigkeit beynahe in allen Fällen dem Wohl der Menschheit mehr förderlich sey.

Wer aber die erwähnten, und ähnlichen Handlungsarten verwirft, und dennoch nicht zeigen kann, daß das Gegentheil derselben zum allgemeinen Besten mehr beytrage, wer gemeinnützige Handlungen durch irgend ein anders Gesetz, wie z. B. durch das der Gerechtigkeit zu bestimmen und einzuschränken für nöthig findet, ohne zeigen zu können, daß dieselbe durch dergleichen Einschränkungen an Gemeinnützigkeit gewinnen, der muß ohne allen Widerspruch das Prinzip

des

des allgemeinen Wohls selbst durch irgend ein anderes Gesetz einschränken und also, als **höchstes Grundgesetz** der Sittlichkeit verwerfen.

Daß Gerechtigkeit im allgemeinen höhere Pflicht als Wohlthätigkeit sey, d. h. mehr Menschenwohl befördere, kann in allweg auch der Evdämonist ohne allen Vorwurf der Inconsequenz behaupten, aber den Vorhalt, daß dennoch irgend eine bestimmte ungerechte wohlthätige Handlung dem **höchsten Gesetz der Sittlichkeit** gemäßer sey, als die entgegengesetzte gerechte, kann er durch jene Behauptung nicht widerlegen, sondern muß vielmehr entweder das Gegentheil darthun, d. h. zeigen, daß auch in diesem Fall die gerechte Handlung für das Ganze an nützlichen Folgen reicher sey, oder eine Ausnahme jener Behauptung zugeben, also zugeben, daß eine offenbar ungerechte Handlung, wie im ersten Beyspiel die Beförderung des Verderbens eines Unschuldigen, eine sittlich gute Handlung sey, oder er muß — sein Prinzip aufgeben.

Doch der oben erwähnte tiefdenkende Vertheidiger des Evdämonismus, findet es auch in Ansehung des ersten Beyspiels gar nicht für nöthig eine Ausnahme zuzugeben. Er sagt (S. 476.) jener auf einem hohen Posten stehende Mann müsse offenbar um des allgemeinen Besten willen seinem Fürsten nicht zu Gefallen leben, weil eine solche Handlungsweise zur Erhaltung der bürgerlichen Sicherheit, Ordnung und Glückseligkeit unumgänglich erfordert werde. Mich dünkt aber, daraus,

daß

daß eine solche Handlungsart im allgemeinen zur Erhaltung und Beförderung des gemeinen Wohls unumgänglich nöthig ist, folge nur so viel, daß man sie sich auch im allgemeinen zur Maxime zu machen verpflichtet sey, daß aber, wenn diese wie es in dem System der Glückseligkeit der Fall ist, **ihre Sanktion bloß durch ihre nützlichen Folgen erhalte**, sie auch aufhöre gut zu seyn, so bald ein Fall eintritt, in dem diese Folgen vielmehr dem allgemeinen Besten schädlich, als vortheilhaft sind. So bald eine Handlungsart, die nach der Regel dem Ganzen nützlich ist, durch besondere Umstände, wie dieß ex hypothesi der Fall ist, ihre Natur verändert, so leidet die Regel eine Ausnahme. Sonst gälte ja auch hier das Sprüchwort: summum jus summa injuria (Vergl. S. 481). Der Verfasser sagt ja ausdrücklich (a. a. O.) **die Handlung sey nicht nur im Allgemeinen**, sondern auch in jedem einzelnen Falle recht, durch die nach unsrer Ueberzeugung das meiste Gute gewirkt werde. Wenn also nach meiner Ueberzeugung, in der Lage jenes Mannes, durch die Verrätherey des Unschuldigen mehr Gutes gewirkt würde, als durch die Weigerung dagegen, dürfte mich das abhalten, dem Fürsten zu Willen zu werden, daß die Verrätherey im Allgemeinen mehr Schaden als Nutzen stiften kann? Nach des Verfassers, und jedes consequenten Eudämonisten Grundsätzen offenbar nicht.

Suchen sich die Vertheidiger des Grundsatzes der allgemeinen Glückseligkeit gegen den Vorwurf der Unzulänglichkeit ihres Prinzips zu einer richtigen oder sichern

sichern moralischen Beurtheilung dadurch zu retten, daß sie den Grundsatz aufstellen, „wo die Vernunft einmahl entschieden habe, was Recht und Unrecht sey, so sey keine Frage mehr, welche nützliche oder schädliche Folgen eine Handlung habe;" so kann man sich unmöglich der Frage erwehren: Woher denn die Vernunft zu einer solchen, von der Berechnung der Folgen unabhängigen, Entscheidung kommen solte, in einem System, das die ganze Moral von dem Prinzip der Glückseligkeit abhängig macht, in einem System, worinn die Begriffe von Recht und Unrecht nur einen relativen Sinn haben, nichts anders als Beziehung auf Glückseligkeit ausdrücken?

Wird aber das Prinzip der allgemeinen Glückseligkeit nicht auf solche Weise durch die Vernunft, also durch ein höheres Gesetz, eingeschränkt, so ist es unläugbar, daß es auch auf unrechtmäßige (den Forderungen der Vernunft widersprechende) Maximen führt.

So läßt sich, um noch einige Beyspiele zu geben, der Fall als möglich denken, daß etwa ein offenbarer Betrug, Untreue gegen Bundsgenossen, oder gar ein Meineid, unter gewissen Umständen, zur Beförderung der allgemeinen Glückseligkeit diene. Würde nicht vielleicht ein Regent berechtigt seyn, die Gesetze und Constitutionen, die er beschworen hat, eigenmächtig aufzuheben, wenn nach seinen möglich besten Einsichten das Wohl des Staats dadurch befördert werden könnte? Freylich wäre es wider die im allgemeinen gute Maxime: „seinem Versprechen,

um

um des gemeinen Wohls der Menschheit willen, treu zu seyn" aber es wäre eine Ausnahme, die in diesem Fall durch eben das Gesetz, wovon die Maxime ihre Sanktion erhielte, geboten würde. Es träte ja unstreitig der Fall ein, daß das was in der Regel recht ist, das größte Unrecht wäre.

Ueberdieß scheint mir dieser Grundsatz der Eudämonisten dadurch einen wesentlichen Mangel zu verrathen, daß sich nicht alle spezielle praktische Sätze davon herleiten lassen. Dahin rechne ich besonders die Pflichten gegen Gott. Wenn alles was Pflicht für mich ist, es bloß deswegen ist, weil dadurch mein und anderer Wohl befördert wird, so liegen mir gegen den Allgenugsamen keine Pflichten ob. Es ist mir nicht unbekannt, daß man mit dieser Schwierigkeit dadurch leicht fertig geworden ist, daß man geradezu alle Pflichten gegen Gott geläugnet und als Undinge verlacht hat. Aber mit welchem Recht? Weil sie nicht in das System paßten. Es hat freylich Schein, wenn man sagt, das allein ist der Wille Gottes, daß wir unsern Pflichten getreu sind, und diese bestehn darinnen, daß man das allgemeine Weltbeste nach allen seinen Kräften befördert. Die würdigste, ihm wohlgefälligste, Verehrung Gottes ist die, daß wir das Wohl seiner Kinder unsrer Brüder befördern; aber es hat Wahrheit, wenn man hinzusetzt, und daß wir Ihn als die Urquelle all' der Kräften und Gelegenheiten die wir haben, Glückseeligkeit um uns her zu verbreiten, mit demüthigen Dank anbeten, daß wir Ihm, nicht uns, die Ehre geben,
Urheber

Urheber aller Glückseligkeit zu seyn, daß wir eine lebhafte Anerkennung unsrer völligen Abhängigkeit von ihm in unsrem Gemüth stets gegenwärtig zu erhalten suchen u. s. w.

Ich sehe nicht ein, wie man läugnen kann, daß die Belebung solcher Gesinnungen in unsern Herzen **wesentliche Pflicht** für uns sey, so bald man annimmt daß ein unendlicher Geist Schöpfer des Weltalls und jedes Individuums in demselben sey; wie man also läugnen kann, daß die Pflichten gegen Gott wahre Pflichten seyen, wenn sie gleich aus dem Gesetz, Glückseligkeit der Geschöpfe zu befördern, nicht hergeleitet werden können.

Es scheint mir so gar, als könnten die Läugner der Pflichten gegen Gott nicht einmal die Sanktion des eudämonistischen Moralprinzips darthun. Der Grund der Verbindlichkeit ihres höchsten Gesetzes liegt doch **in dem Zweck des Ganzen**, der aus der Einrichtung des Weltalls hervorleuchtet; dieser Zweck ist Glückseligkeit aller. Woher bin ich aber verpflichtet, diese allgemeine Glückseligkeit befördern zu helfen? Diesen Zweck der Natur auch mir zum Zweck zu machen? dadurch daß ich im entgegengesetzten Fall selbst nicht glücklich seyn kann? wenn ich aber mich überzeuge, es gebe einen nähern sicherern Weg zu meiner Privat-Glückseligkeit, als daß ich sie mir durch Wohlthun an andern, und damit häufig verbundene Aufopferung meiner Privat-Neigungen, erkaufe? wie kann mich alsdann jener Zweck des Schöpfers verpflichten? Doch dadurch

dadurch, daß er auch mein Schöpfer ist? daß ich verbunden bin meine Kräfte und Fähigkeiten als sein Eigenthum zu betrachten, das mir bloß darum anvertrauet ist, daß ich es nach seiner Absicht gebrauche? So erhält, wie mich dünkt, das Gesetz der Beförderung des allgemeinen Wohls seine Sanktion erst durch die Pflicht der Treue und des Gehorsams, die mir gegen den Schöpfer obliegt, und wer diese Pflicht nicht anerkennt, kann auch nicht zur Anerkennung jenes Grundgesetzes der Sittlichkeit verpflichtet werden.

Noch scheint mir ein Einwurf gegen diesen Grundsatz der allgemeinen Glückseligkeit von nicht geringer Erheblichkeit zu seyn. Es ist nemlich der, den Kant*) dem Prinzip der Selbstliebe macht, der aber, wie ich in der Folge zeigen werde, von den Vertheidigern des letztern sehr scheinbar beantwortet werden kann. Ob dieß auch von den Anhängern des Systems der allgemeinen Glückseligkeit, wenn man gegen sie diesen Angriff richtet, geschehen könne, ist eine andere Frage. Ich meyne folgende Behauptung: "wäre bey einem Wesen, das Vernunft und einen Willen hat, die Beförderung der allgemeinen Glückseligkeit der eigentliche Zweck der Natur, so hätte sie ihre Veranstaltung darzu sehr schlecht getroffen, sich die Vernunft zur Ausrichterin dieses Geschäffts zu ersehen. Denn alle Handlungen, die es in dieser Absicht auszuüben hat, und die ganze Regel seines Verhaltens würden ihm weit genauer durch Instinkt vorgezeichnet und jener Zweck weit sicherer dadurch haben

---

*) S. Grundlegung zur Metaphysik der Sitten. S. 4. f.

haben erhalten werden können, als es jemals durch Vernunft geschehen kann."

Wäre der ganze letzte Zweck des Herrn der Natur bey unsrer Erschaffung kein anderer gewesen, als der, daß jeder nach Maaßgabe seiner Kräfte den großen möglichen Beytrag zur allgemeinen Glückseligkeit lieferte, wie viel weiser würde er gehandelt haben, wenn er jedem Herzen einen so mächtigen Trieb oder, mit Hutcheson zu reden, Instinkt des Wohlwollens eingepflanzt hätte, daß es unwiderstehliches Bedürfniß für jedes vernünftige Wesen geworden wäre, wohlzuthun, wie es unwiderstehliches Bedürfniß ist, den Hunger zu stillen, als er nun daran gehandelt hat, daß er es dem Belieben eines jeden freystellte, ob er seine Pflicht, anderer Glückseligkeit zu befördern, anerkennen will, oder nicht. Wie leicht wäre es ihm auf jene Art gewesen dafür zu sorgen, daß auf allen Thronen der Erde lauter Tituse und Antonine in unterbrochenen Reihen gesessen hätten, statt daß sie nach der nunmehrigen Einrichtung unsrer Natur mit Neronen und Domitianen wechseln? "Oder gewinnt vielleicht die allgemeine Glückseligkeit des Menschengeschlechts mehr dadurch daß die Wohlthäter der Menschheit mit ihren Unterdrückern abwechseln?" Ich meines Orts bin davon überzeugt. Aber der Eudämonist darf es nicht seyn, wenigstens nicht gestehen, daß er's ist, oder er muß zugeben, daß sein Fürst sich zur Maxime mache, die allgemeine Glückseligkeit als ein anderer Nero zu befördern, und etwa ihm bey diesem Schauspiel die Rolle des Seneka auftrage, die er

wohl

wohl nicht bis zum fünften Akt mitzuspielen wünschen würde. „Oder ließe sich eine solche Maxime nicht mit dem Prinzip der allgemeinen Glückseligkeit vereinigen? Ich sehe nicht ein, wie er dieß beweisen könnte. Die Grundfeste seines Systems ist der Satz: nichts ist recht und gut, als was zum Wohl des Ganzen dienlich ist. Also: alles was zum Wohl des Ganzen dienlich ist, ist gut (vorausgesetzt, daß es seinen Rang nicht durch Collision mit einem noch größern Beförderungs= mittel dieses Wohls verliere. Unter dieser Einschrän= kung ist diese Folgerung nach dem Eudämonistischen System unwidersprechlich). Wie wenn nun die Er= fahrung zur Genüge beweist, daß manche Schandthat unübersehlich große Folgen zum allgemeinen Besten ge= habt hat, warum sollte ich in Hoffnung eines gleichen Erfolgs nicht eine gleiche Handlungsart mir zur Ma= xime machen können? „Weil diese Folgen nicht nach der Regel sondern zufälliger Weise daraus entstanden sind?" Das ist nicht allemal der Fall. Wenn ein Volk durch Ermordung seines Tyrannen die Fesseln abstreift, und im Schoße der Freyheit glücklich wird, geschieht dieß nicht nach der Regel? Wird aber da= durch dieser Mord eine sittlich gute Handlung? — Wie wenn ein Regent, um seine Unterthanen wahr= haftig glücklich zu machen, sie alle zu Bettlern ma= chen wollte, in der festen Ueberzeugung, daß ein ho= her Grad von Dürftigkeit ein wirksames Mittel abgebe, wo nicht alle, doch viele unter ihnen, zu standhafter Ertragung der Armuth, zu edler Selbstverläugnung und wahrer Seelengröße, die unabhängig von äusse= rem Glück sich selbst genug ist, dadurch zu gewöhnen?

und

und daß solche Eigenschaften ein besserer Besitz seyen, als alle Güter dieser Erde?

Doch wir wollen wieder zu unsrem Instinkt des Wohlwollens zurückkehren. Man wird uns einwenden, ein solcher blinder Trieb würde uns zu Handlungen hinreissen, wodurch wir, bey der heftigsten Neigung andern nützlich zu werden, manchen unersetzlichen Schaden für das Ganze anrichteten, weil wir durch den Instinkt nicht in den Stand gesetzt wären, die Folgen der Handlungen zu berechnen.

Ich antworte, dieser Grundtrieb könnte ja von der Natur so bestimmt und durch andere Triebe eingeschränkt seyn, daß er sich nie zur Unzeit äusserte, nie die gehörige Grenze überschritte und zum Schaden anderer ausartete. Sind ja die Triebe der Thiere auch so bestimmt, daß sie durch dieselbe, wenn sie schon nicht unter der Leitung der Vernunft stehen, doch im Ganzen die Absicht des weisen Urhebers der Natur gewiß weit weniger verfehlen, als die Menschen, bey denen die Regierung und Einschränkung der Triebe der Vernunft übertragen ist. Oder, wenn es, wie wir billig gestehn müssen, ein Vorzug der Menschheit vor der thierischen Schöpfung ist, daß sie durch ihre eigene Vernunft ihren Trieben das Maaß und die Richtung ihrer Wirksamkeit anweisen dürfen; so könnte ja auch dieser Instinkt des Wohlwollens bey aller Stärke die ihm gegeben wäre, dennoch unter der Leitung der Vernunft stehn, so daß die Neigung, das Wohl der Menschheit auf alle mögliche Weise zu befördern,

fördern, wie zu einer unweisen Güte uns nöthigte. Die Vernunft könnte das Praktischwerden des Triebs immer so lang verhindern, bis sie die Folgen jedes vorkommenden Handlungsfalls nach ihrem besten Vermögen berechnet hätte; so wie sie ja auch über gewisse andere sehr starke Instinkte die Macht hat, ihre Wirkungen wenn sie zur unrechten Zeit und am unrechten Ort sich äussern wollen, zu verhindern. „Aber vielleicht ist die Vernunft der meisten Menschen zu schwach zur Bestrafung und Einschränkung dieses mächtigen Triebs?" Der Trieb könnte ja verhältnißmäßig zur subjektiven Vernunft ausgetheilt seyn, daß keiner mehr zu beherrschen hätte, als er zu beherrschen im Stand wäre. Offenbar würde dem Wohl der Menschheit, als letztem Zweck unsrer Willensbestimmungen auf diese Art besser gerathen seyn, als nach der gegenwärtigen Beschaffenheit unsrer Natur, wo oft Menschen von großen Anlagen mit Herzen voll Haß und Schadenfreude jede Blüte der Glückseligkeit in fremdem Gebiet zu zertreten suchen, und die gutmüthigste Seelen durch ihre Verstandesschwäche mehr verderben als gut machen. Wie viele Kräfte könnten durch einen solchen allgemeinen, weislich ausgetheilten Trieb zu fremdem Wohl, zum Besten Aller, in Bewegung gesetzt werden, die jetzt entweder schlummern, oder durch den entgegengesetzten eigennützigen Trieb, um ihres mißverstandenen Vortheils willen, auf eigenes und fremdes Unglück hinarbeiten, oder gar in der Störung der Glückseligkeit anderer das Ziel ihrer Freude finden?

„Aber

„Aber wenn die frey seyn sollende Handlungen ihre Richtung durch einen solchen Instinkt erhalten, so verlieren sie ihren Werth, so hört die sittliche Güte derselben auf."

Doch nicht in dem System des Eudämonisten? In dem System, in dem eine Handlung einzig und allein darum gut oder böse ist, weil sie zur Glückseligkeit in einem positiven oder negativen Verhältniß steht? Ob ich nun bloß durch Instinkt, oder bloß durch Vernunft geleitet, eine gemeinnützige Handlung unternehme, das benimmt ja ihrem Verhältniß zur Glückseligkeit nicht das geringste *). Eben so wenig kann es meinen eigenen Werth ändern. Ich bin der Urheber der Handlung, sey es durch Trieb oder Vernunft, der Handlung, deren die Quelle aus der sie entspringt keinen Werth oder Unwerth geben kann, denn sie hat für sich keinen innern absoluten Gehalt, bloß einen relativen und äussern. Wenn sittliche Güte eine Beschaffenheit eines freyen Wesens ist, die unabhängig von ihren Wirkungen für gut zu halten seyn, die dem vernünftigen Wesen eine eigenthümliche Würde geben soll, dann darf sie freylich nichts unwillführliches, eingepflanztes seyn, aber wenn sie bloß darum etwas gutes ist, weil sie, mögliche oder wirkliche, Quelle angenehmer Empfindungen ist, so behält sie ihren Werth unverändert, sie mag ihren Sitz haben wo sie will. Es gilt alsdann auch hier: lucri bonus odor ex re qualibet.

---

*) Vergl. Schmids Moralphilosophie S. 82. n. 9.

Mag der Eudämonist immer sagen, die Moral lehre mich nicht, wie ich Glückseligkeit befördern, sondern, wie ich recht handeln soll, und ihr höchstes Gesetz sey: handle wie du wollen mußt, daß jeder vernünftige Mensch handle: wenn er dabey die Behauptung nicht aufgiebt, daß die Beförderung eigner und fremder Glückseligkeit dennoch das allgemeinste Grundgesetz alles menschlichen Thuns und Lassens sey, und daß die Moral, die uns lehre was recht ist, in ihren Erkenntnissen und Beweggründen lediglich auf diesem Grundgesetz beruhe*), wenn er also dem Sittengesetz seine Sanktion immerhin noch in der allgemeinen oder besondern Glückseligkeit anweißt; so hebt er eben die Realität des Begriffs der Sittlichkeit auf, es bleibt nichts von ihr übrig, als Nützlichkeit. Unstreitig ist es so. Wenn nichts keinen absoluten Werth hat, wenn alles in Beziehung auf bloß gut oder büse heissen kann, wenn das nützliche ein höherer Begriff ist, als das rechte **), so kann ein guter Mensch nur deßwegen gut und rechtschaffen heissen, weil er ein nützlicher Mensch ist. Man wird antworten: nein, weil es das Nützliche, das Wohl des Ganzen, beabsichtet.

Macht denn aber das Beabsichten an und für sich die sittliche Güte aus? also auch das Beabsichten des Bösen?

Das doch gewiß nicht, sondern das Beabsichten des Guten, dessen was recht ist.

Wenn

---

*) Braunschw. Journal. 1788. 12. St. S. 469.
**) S. 480.

Wenn es nun aber nichts giebt, das an sich recht ist, wenn jede Handlung, jede Maxime bloß durch ihr Verhältniß zur Glückseligkeit recht oder unrecht ist, woher soll denn der Beobachter einer solchen Maxime einen absoluten Werth bekommen? Er bekommt ihn ja erst durch die Maxime, diese von der Glückseligkeit, also mittelbar auch er: er ist gut, weil er ein nützlicher Mensch ist.

Wenn das Gesetz der Beförderung allgemeiner Glückseligkeit seine Verbindlichkeit nicht von einem höhern Grundgesetz der Sittlichkeit erhält, so ist es offenbar ein leerer Nahme, wenn ich das Wollen allgemeiner Glückseligkeit sittliche Güte und das Wollen allgemeinen Elends Bosheit des Herzens nenne. Das erstere bleibt eben physische Güte, Nützlichkeit, das andere physisches Uebel, Schädlichkeit, wenn kein absolutes Sollen, kein höheres Gesetz mich zur Beförderung der Glückseligkeit verpflichtet *).

* * *

II. Die Vertheidiger des Princip der eigenen Glückseligkeit, unerachtet ihnen, besonders in den

*) Daß aber, und wie die Verbindlichkeit für uns, allgemeine Glückseligkeit zu dem Ziel unsrer freyen Handlungen zu machen, aus dem Grundgesetz der Sittlichkeit abgeleitet werden könne und müsse, ist gezeigt in Kants Crit. d. pr. V. S. 60. f. Metaph. d. Sitten, S. 64. f. f. Schmids Vers. einer Moralphilosophie §. 118. f. 413. 415. 518. f. f. Vergl. Jakobis Briefe über die Lehre des Spinoza. Vorr. S. XXXIII. u. XXIII.

neuesten Zeiten, mehrere und härtere Vorwürfe gemacht worden sind, können sich, nach meiner Einsicht, doch scheinbarer rechtfertigen und länger halten, als die Anhänger des Systems der allgemeinen Glückseligkeit, und hierzu ist ihnen besonders die große unläugbare Wahrheit behülflich, daß Sittlichkeit der einzige sichere Weg zur Glückseligkeit ist.

Die Vorwürfe die ihnen gemacht wurden, sind zum Theil so beschaffen, daß sie sie offenbar nicht treffen; aber auch wo sie würkliche Schwächen haben, können solche, aber freylich nur durch unrechtmäßige, fremde Subsidien, so gedeckt werden, daß beynahe der angreifende Theil dadurch zum Weichen gebracht wird.

Um die Uebersicht zu erleichtern, will ich die Einwürfe, die man ihnen macht und ihre Rechtfertigung einander gegen überstellen, und dieser letztern alle die Stärke zu geben suchen, deren sie nur fähig zu seyn scheint.

Einwürfe:	Vertheidigung:
Besorgung meiner eigenen Glückseligkeit kann unmöglich der von der Natur vorgeschriebene letzte Endzweck meiner freyen Handlungen seyn, wofern anders dieselbe uns, wie sie doch sonst überall thut,	Besorgung meiner eigenen Glückseligkeit ist der von der Natur mir vorgeschriebene Endzweck meiner freyen Handlungen, wofern anders die Absicht derselben aus ihren Veranstaltungen sicher geschlossen werden kann.

thut, das schicklichste Werkzeug zur Erreichung dieses Zwecks gegeben haben soll. Denn wäre bey einem Wesen, das Vernunft und Willen hat, seine Glückseligkeit der letzte Zweck der Natur, so hätte diese ihre Veranstaltung dazu sehr schlecht getroffen, sich die Vernunft des Geschöpfs zur Ausrichterin dieser ihrer Absichten zu ersehn. Denn alle Handlungen, die es in dieser Absicht auszuüben hat, und die ganze Regel seines Verhaltens würden ihm weit genauer durch Instinkt vorgezeichnet und jener Zweck weit sicherer dadurch erreicht worden seyn, als es jemals durch Vernunft geschehn kann. Und sollte diese obenein dem begünstigten Geschöpf ertheilt worden seyn, so würde sie ihm nur dazu haben dienen müssen, über die glückliche Anlagen seiner Natur Betrachtungen anzustellen, kann. Denn in den sinnlichen Naturanlagen, die ich vor allen übrigen Arten der Geschöpfe, die ich kenne, voraus habe, in dem himmlischen Geschenke der Vernunft und Willensfreyheit, erkenne ich meine hohe Bestimmung zu einer Glückseligkeit, gegen die alles Wohlseyn und aller Lebensgenuß vernunftloser Wesen für nichts zu rechnen ist. Zu dieser Glückseligkeit, die meine Anlagen und der immer bessere Gebrauch meiner Vernunft und Freyheit mich ahnden lassen, und der ich mich durch stuffenweise Entwicklung meines Geists zur Weisheit und Tugend immer mehr nähere, konnte mich unmöglich irgend ein Instinkt hinleiten, weil sie nicht in irgend etwas ausser mir, und meinem Verhältniß zu einem solchen Gegenstand liegt, zu dem ich nur sicher hingeleitet werden dürfte, um ihn zu genießen; sondern vielmehr

B 5 in

stellen, sie zu bewundern, und der wohlthätigen Ursache dafür dankbar zu seyn; nicht aber, um sein Begehrungsvermögen jener schwachen und trüglichen Leitung zu unterwerfen, und in die Naturabsicht zu pfuschen. Mit einem Wort, sie würde verhütet haben, daß die Vernunft nicht in praktischen Gebrauch ausschlüge, und die Vermessenheit hätte, mit ihren schwachen Einsichten ihr selbst den Entwurf der Glückseligkeit und der Mittel, dazu zu gelangen, auszudenken. Die Natur würde nicht allein die Wahl der Zwecke, sondern auch die Mittel selbst übernommen und beyde mit weiser Vorsorge dem Instinkt anvertraut haben. In der That finden wir auch, daß, jemehr eine cultivirte Vernunft sich mit der Absicht auf den Genuß des Lebens und der Glückseligkeit abgiebt, desto weiter der Mensch von der wah-

in mir selbst; im Bewustseyn des Gebrauchs meiner Freyheit zur Annäherung an sittliche Vollkommenheit, deren mich ewig kein Instinkt fähig machen könnte. Die Vernunft schreibt dem freyen Willen ihre eigene Gesetze vor, und indem dieser diese Gesetze seiner eigenen Vernunft freywillig befolgt, genieße ich das beseligende Bewußtseyn meiner Freyheit und Willensgüte, und dieser Genuß ist wahre, unvermischte, dauerhafte Glückseligkeit. Ohne Willensfreyheit ließe kein solcher Genuß sich denken, eben so wenig ohne Gesetzgebung der eigenen Vernunft. Jede fremde Gesetzgebung wäre für den Willen Sklaverey.

Freylich dient die Vernunft zugleich auch dazu, daß das freye Wesen über die glückliche Anlagen seiner Natur sich freuen, sie bewundern und den Schöpfer

wahren Zufriedenheit abkomme *).

pfer dafür dankbar seyn kann, und das um so mehr, je mehr sie praktisch wird, und der Absicht der Natur gemäß sich der Wille ihrer Leitung unterwirft, je mehr durch Gehorsam des Willens gegen ihre Forderungen reine und dauerhafte Glückseligkeit begründet wird.

Denn die Erfahrung lehrt uns ja, daß je mehr der Wille einer fremden Gesetzgebung sich unterwirft, je mehr ein Mensch seinen Instinkten folgt und die Befriedigung seiner Neigungen für Glückseligkeit hält, und die Vernunft, statt ihren Forderungen sich zu unterwerfen in ihren Sold dahin giebt, sie ihnen angemessen zu machen sucht und ihr falsche Urtheile zu Gunsten seiner Leidenschaften abnöthigt, er auch desto mehr von seiner

Die wah-

---

*) S. Kants Grundlegung z. Metaph. d. Sitten S. 4. f.

Die Cultur der Vernunft kann nicht die Glückseligkeit des Menschen, wenigstens in diesem Leben, auf mancherley Weise einschränken, sondern sie auch selbst unter Nichts herunterbringen *).

Die Erfahrung widerspricht dem Vorgeben als ob das Wohlbefinden sich jederzeit nach dem Wohlverhalten richte **). Vielmehr zeigt sich die Tugend in solchen Fällen in ihren schönsten Glanz,

wahren Zufriedenheit abkomme.

Je mehr hingegen unsre Vernunft über den eigentlichen Zweck unsers Daseyns und die dahin abzweckende Grundsätze und Handlungsarten belehrt, d. h. cultivirt wird, und je mehr der Wille sich den Forderungen dieser wahrhaftig aufgeklärten Vernunft unterwirft, desto mehr wird unsre wahre Glückseligkeit gegründet und erhöht, wenn wir auch gleich dadurch genöthigt werden, die Ansprüche unserer sinnlichen Triebe und Neigungen einzuschränken.

Die Erfahrung widerspricht dem Vorgeben und der so gewöhnlichen Einbildung, als ob das Wohlseyn, das Vergnügtseyn und die Zufriedenheit, von Glück, Ehre, Reichthum, mächtigen

---

*) Kants Grundlegung. S. 7.
**) a. a. O. S. 90.

Glanz, wo sie den Forderungen des Gesetzes, mit der edelsten Uneigennützigkeit, Glückseligkeit, Leben, Ehre, alles aufopfert *).

Solche edelmüthige Aufopferungen, ohne alle Hoffnung einigen Ersatzes — Handlungen, bey denen jedes Herz sich erweitert und mit Ehrfurcht bewundert — können doch wohl in dem System des Eudämonisten nichts anders als Thorheit seyn?

gen Gönnern und Freunden, oder irgend einem äußern Besitz oder Verhältniß abhängig wäre. Uneinigkeit mit sich selbst, stürmische Leidenschaften, unersättliche Neigungen, die bey jedem Besitz äußerer Vortheile und Vorzüge immer noch Platz finden, und sich oft mit diesen vermehren, lassen keinen Frieden in der Seele aufkommen. Nur das Bewußtseyn eigner Willensgüte, nur die Unterjochung seiner empörenden Leidenschaften und Begierden unter die Herrschaft der Vernunft, nur dieß gewährt jene unschätzbare Stille des Geists, ohne die kein Wohlseyn sich denken läßt, die die Grundlage aller wahrer Glückseligkeit seyn muß. Und eben deswegen, weil wir durch sittliche Güte diesen Besitz uns erwerben und sichern, und weil das Selbstbewußtseyn der Tugend um so beseligender und belohnender ist, je größer wir die Kraft zur Tugend, aus ihren Wirkungen, erkennen, so handelt der Tugendhafte seinem Interesse im geringsten nicht zuwider, wenn er seiner Pflicht,

*) Vergl. Herrn Prorektor Snells Erinnerungen u. s. w. im Braunschw. Journal. 1788. 9 St.

Pflicht, und dem Bewußtseyn, sie erfüllt zu haben, alle die Güter aufopfert, die zwar im Stand sind einen gewissen Beytrag zum Wohlseyn zu liefern, aber unmöglich die Unruhe des Geists, die mit dem Bewußtseyn der Uebertretung des Gesetzes verbunden ist, zu stillen, und den Hauptbestandtheil der Glückseligkeit auszumachen vermögen. Jedes einzelne äußere Gut steht mit unsrer Zufriedenheit in keinem nothwendigen Verhältniß. Der Beytrag, den jedes derselben zur Glückseligkeit eines Jeden liefert, wird bestimmt durch die subjektive Bedingungen seiner Receptivität. Diese Receptivität aber steht im umgekehrten Verhältniß mit der Stärke oder Schwäche des Geistes. Je mehr Seelengröße, desto mehr Selbstgenügsamkeit, je mehr Kleinheit, desto mehr Bedürfniß nach Sättigung von außen. So gewiß nun die stufenweise Erhöhung der Selbstgröße ein Gegenstand unsrer freyen Willensbestimmungen ist, so gewiß kann ein vernünftiges Wesen seine Receptivität für die äußern Mittel des Wohlseyns modificiren, wobey freylich nicht zu läugnen ist, daß die Beschaffenheit der körperlichen Construktion dieses Geschäfft sehr erleichtern oder erschweren könne; aber auch über einen schwachen Körper vermag eine starke Seele viel *), wenn sie sich gegen ihn anstemmt, ihn selbst organisiren hilft. Wer nun fähig ist, der Tugend das Opfer seiner ganzen zeitlichen Glückseligkeit, selbst seines Lebens zu bringen, o! der hat es gewiß

---

*) Man lese was der vortreffliche Garve in seinen Anmerkungen zu Cicero's Pflichten im 2ten Band (S. 60 f. der kleinern Ausgabe, Breslau 1780.) und Jakobi in seinen Briefen über die Lehre des Spinoza S. 239. hievon gesagt haben.

gewiß in jener seligen Unabhängigkeit von äusserlichen Glück schon so weit gebracht, daß er nichts verliert — und die Selbstbelohnung einer so hohen Stufe von Willensgüte ist reicher Ersatz für alle Aufopferung, die sie sich gefallen läßt. — Im Gegentheil verfällt der Mensch, der lieber seine Pflichten als äusserliche Vortheile vernachlässigt, dadurch in so unauflösliche Widersprüche mit sich selbst *), daß er unmöglich eine wahre dauerhafte Zufriedenheit genießen kann, er giebt um die (unzulängliche) Mittel zur Glückseligkeit, die Glückseligkeit selbst dahin. So wahr ist es, auch in dem eudämonistischen System, daß die innere Zufriedenheit, die aus dem Bewußtseyn der Uebereinstimmung unsers Willens mit den Vorschriften unsrer Vernunft, d. h. dem Bewußtseyn unsers sittlichen Werths entspringt, unter allem, was uns wünschenswerth scheinen mag nicht nur oben an stehn, sondern auch daß die Würdigkeit glücklich zu seyn die oberste Bedingung unsrer Bewerbung um Glückseligkeit seyn müsse. Wenn nun gleich durch diese Bedingung in einzelnen Fällen den Neigungen Abbruch geschieht, und wenn wir gleich durch Wohlverhalten das Vermögen nicht bekommen, die Widerwärtigkeiten, die nach dem Lauf der Natur das Loos der Sterblichen sind, und mit der Sittlichkeit nicht zusammenhangen, abzuwenden, so wäre es doch ein äusserst falsches Vorgeben, wenn man behaupten wollte, daß die Glückseligkeit eines vernünftigen Wesens sich nicht nach seinem Wohlverhalten richte, indem das Bewußtseyn

eines

---

*) Rehberg über das Verhältniß der Metaphysik zur Religion. S. 127. f.

eines guten Willens, der, für sich selbst betrachtet, ohne Vergleich weit höher zu schätzen ist, als alles was durch ihn zu Gunsten irgend einer Neigung, ja der Summe aller Neigungen, nur immer zu Stand gebracht werden könnte (Grundlegung S. 3.), das Hauptelement der Glückseligkeit eines freyen Wesens seyn und bleiben muß, und da überdieß durch Willensgüte das Bedürfniß angenehmer Empfindungen von aussen her, nach unserm Gefallen gemindert, und die Receptivität für unangenehme Empfindungen g schwächt werden kann, und noch fernerhin ein sittlich guter Mensch in Rücksicht auf das von aussen kommende Wohl — oder Uebelbefinden den Vorzug vor andern hat, daß er sich kein Unglück durch eigene Verschuldung zuzieht, von welchem allem bey denen, die nur von einer Erscheinungsglückseligkeit wissen, und von ihr die Gesetze ihres Verhaltens sich vorschreiben lassen, das Gegentheil Statt findet.

Der Begriff der Glückseligkeit ist so unbestimmt, daß, obgleich jeder Mensch zu dieser zu gelangen wünscht, er doch niemals bestimmt und mit sich selbst einstimmig sagen kann, was er eigentlich wünsche und wolle. Die Ursache davon ist, daß alle Elemente, die zum Begriff

Die Glückseligkeit nach der wir uns alle sehnen, ist eine ununterbrochene Zufriedenheit unsers Gemüths, ein beständiges Vergnügtseyn. In diesem Wunsch kommen sicher alle empfindende denkende Wesen überein.

Da nun Zufriedenheit unmöglich in unserem Gemüth

Begriff der Glückseligkeit gehören, insgesamt empirisch sind, und daß gleichwohl zu der Idee der Glückseligkeit ein absolutes Ganzes, ein Maximum meines Wohlbefindens, in meinem gegenwärtigen und künftigen Zustand erforderlich ist. Es würde daher Allwissenheit dazu erfordert, zu wissen, was man hier eigentlich wolle *).

muth statt finden kann, so lang wir mit uns selbst im Wiederstreit sind, und das lebhaftere Vergnügen nur durch neuen Zuwachs des Guten erzeugt wird, so giebt es kein sichereres Mittel unsre Glückseligkeit zu gründen und zu erhöhen, als daß wir unsern Willen mit unserer Vernunft immer mehr in Uebereinstimmung zu setzen, und diese immer mehr in praktischer Rücksicht zu cultiviren uns bemühen. Dieß ist nicht nur eine weit ergiebigere Quelle der Glückseligkeit, als alle Elemente derselben, die uns Erfahrung an die Hand geben kann, sondern so gar ihre einzige wahre Quelle, indem es von uns abhängt, welchen Eindruck wir von äussern Gegenständen annehmen wollen, oder nicht; und es steht ganz in unsrer Gewalt uns diese unversiegbare Quelle angenehmer Empfindungen zu eröffnen. Denn was der Mensch in dieser Rücksicht will, das kann er auch).

Bilden wir uns aber irgend ein anderes Ideal von Glückseligkeit, die sich auf den Besitz äusserer Güter, als Gegenstände unserer Neigungen, gründen soll, so sind wir freylich immer in Gefahr, entweder das

---
*) Kants Grundlegung S. 46. f.

das zur Erreichung derselben erforderliche Vermögen nicht zu besitzen, oder uns in der Wahl der Gegenstände zu irren und wenn wir das Ziel unsrer thörichten Wünsche erreicht haben, die Genugthuung und Befriedigung nicht zu finden, die uns die Vorstellung jener Gegenstände in der Entfernung vorspiegelte. Wir können also in diesem Fall nie ganz gewiß seyn zu wissen, was wir eigentlich wollen. So schwer nun unter den Handlungen, die auf Wirklichmachung eines empirischen Gegenstands gerichtet sind, zu entscheiden ist, welche derselben die Glückseligkeit eines vernünftigen Wesens befördern werden, so leicht und richtig ist die Auflösung dieses Problems, wenn wir sagen: **bestimme deinen Willen nach den Forderungen deiner Vernunft.** Denn dadurch bringen wir es allein zu einer Harmonie mit uns selbst, durch diese Harmonie aber wird Zufriedenheit, unter allen Umständen des Lebens, mithin Glückseligkeit erhalten und vermehrt. Dieser Begriff der Glückseligkeit ist nicht ein Ideal der Einbildungskraft (Grundlegung S. 47. f.), das auf empirischen Gründen beruhte, denn sie ist von keinem Gegenstand, den uns Erfahrung kennen lehrte, abhängig, sondern ein Ideal der Vernunft; diese Glückseligkeit ist nichts anders, als das Bewußtseyn der Uebereinstimmung des Willens mit den Forderungen der Vernunft d. h. der Würdigkeit glücklich zu seyn. — Daß ein guter Wille das Hauptelement des höchsten Guts sey, dessen Hervorbringung die Aufgabe der praktischen Vernunft ist, sagen auch unsre Gegner (Kritik der pr. Vern. S. 198); eine Handlung aber, wodurch der Wille sich als gut legi-

legitimirt, und zugleich seine Fertigkeit im Guten vermehrt, folglich das höchste Gut, wozu doch Glückseligkeit auch gehört (ebend.), befördert, ist doch gewiß so beschaffen, daß dadurch die Glückseligkeit eines endlichen Wesens befördert wird.

Das Prinzip der eigenen Glückseligkeit, (das das gerade Widerspiel des Prinzips der Sittlichkeit ist), kann sogar nichts zur Gründung der Sittlichkeit beytragen, daß es diese vielmehr, wenn die Stimme der Vernunft nicht so unüberschreibar wäre, gänzlich zu Grunde richten würde*), indem es ganz etwas anders ist, einen glücklichen, als einen sittlich guten Menschen, und diesen klug und auf seinen Vortheil abgewitzt, als ihn tugendhaft zu machen**).

Wenn das Bewußtseyn sittlicher Güte die Grundlage und der Hauptbestandtheil der Glückseligkeit eines vernünftigen Wesens ist, wenn ohne sie gar keine Uebereinstimmung mit sich selbst, kein innerer Friede, keine Ruhe der Seele möglich ist; so ist es gar nicht gedenkbar, wie das Prinzip der Glückseligkeit den Forderungen der Sittlichkeit widersprechen sollte. Die Anweisung: „sey sittlich gut" macht immer wenigstens den größten und wichtigsten Theil der Vorschrift aus: „befördere deine Glückseligkeit" oder vielmehr sie ist mit dieser eins und eben dasselbe, denn es

C 2 ist

---

*) Critik d. pr. Vern. S. 61. f.
**) Grundlegung z. Metaph. d. Sitten. S. 90.

ist unmöglich), eine sittlich gute Handlung zu vollbringen, ohne sich glücklicher zu machen, und es ist eben so unmöglich, seine wahre Glückseligkeit zu befördern, ohne sittlich gut zu handeln. Nur das Laster kann die Glückseligkeit zu Grund richten. Es ist also auch keines Wegs etwas anders, einen glücklichen, als einen sittlich guten Menschen zu machen. Das Bewußtseyn eigener Willensgüte ist ja die höchste, reinste, dauerhafteste Glückseligkeit, mit diesem Bewußtseyn ist niemand unglücklich, weil es ihm alle physischen Uebel erleichtert, und die äusserlichen Vortheile verachten lehrt. Hätte ich Königreiche zu vertheilen, so könnte ich nicht versichert seyn, einen einzigen wahrhaftig glücklichen dadurch zu machen. Aber könnte ich die Herzen meiner Brüder zur Liebe der Tugend erwärmen, so wäre ich gewiß, Glückseligkeit unter ihnen zu verbreiten.

Dieses Prinzip legt der Sittlichkeit Triebfedern unter, die sie untergraben, und ihre ganze Erhabenheit zernichten, indem dieselbe die Bewegursachen zur Tugend mit denen zum Laster in eine Classe stellen, und nur den Calkul besser ziehen lehren, den spezifischen Unterschied aber ganz auslöschen *).

Wenn Glückseligkeit der Zweck ist, den alle endliche vernünftige Wesen nach einer Naturnothwendigkeit sich vorsetzen, und also ein unvermeidlicher Grund ihres Begehrungsvermögens, (Kants Grundlegung S. 42. Crit. d. pr. Vern. S. 45.), so sind entweder von der Natur, aus deren Veranstaltung wir unsre Verpflich-

---

*) Kants Grundlegung a. a. O.

pflichtung zur Sittlichkeit kennen (Grundlegung S. 6. f.), unsern freyen Handlungen, die sittlich gut seyn sollten, Triebfedern untergelegt, die die ganze Erhabenheit der Sittlichkeit zernichten, und sie untergraben, oder muß das Verlangen nach Glückseligkeit mit der Sittlichkeit in Harmonie gebracht werden können. Da wir nun das erstere nicht annehmen können, wenn anders die Natur überall in ihren Veranstaltungen zweckmässig zu Werk gegangen ist, welches wir doch als Grundsatz annehmen müssen (Grundlegung S. 4.); so bleibt uns nichts anders übrig, als das letztere so lang zu postulieren, bis wir durch Erfahrung gerechtfertigt oder widerlegt werden. Wir nehmen also an, die Tugend sey die oberste Bedingung der Glückseligkeit. Weil aber sie noch nicht das ganze und vollendete Gut, als Gegenstand des Begehrungsvermögens vernünftiger endlicher Wesen ist, sondern darzu nothwendig auch Glückseligkeit erfordert wird, und zwar nicht bloß in den parteyischen Augen der Person, die sich selbst zum Zweck macht, sondern selbst im Urtheile einer unparteyischen Vernunft, die jene überhaupt in der Welt als Zweck an sich betrachtet (Critik d. pr. V. S. 198. f.), so sagen wir, die Absicht der Natur, bey endlichen freyen Wesen, sey die, daß sie sich durch Sittlichkeit ihre Glückseligkeit schaffen, oder wenigstens derselben würdig machen sollen. Das Prinzip der Glückseligkeit legt also der Sittlichkeit die Triebfeder unter, die auf den Naturzweck vernünftiger Wesen hinweißt, und befiehlt, das zu thun, oder zu unterlassen, was die Vernunft in dieser Rücksicht für recht oder unrecht erklärt (Braunschw. Journ. 1788.

1788. 5. St.); und es bleibt also der Vernunft ihre Autonomie völlig ungekränkt. Wenn bey einem vernünftigen Wesen auch kein Verlangen nach Glückseligkeit sich finden sollte, so wäre es doch, als solches, verpflichtet, sich dieselbe zum Ziel seiner freyen Willensbestimmungen, und sich selbst ihrer würdig zu machen. Wenn aber Glückseligkeit Naturzweck bey den freyen endlichen Wesen ist, und wenn die Güte eines Geschöpfs darinn besteht, daß es den Zweck der Natur — seine sittliche Güte, daß es ihn durch seine freye Handlungen — befördere, wie kann das Verlangen nach diesem Zweck, als Triebfeder seiner freyen Thätigkeit, die Erhabenheit der Sittlichkeit zerstören?

Uebrigens ist diese Triebfeder der Sittlichkeit, das Verlangen nach wahrer, moralischer Glückseligkeit, von den Triebfedern zum Laster in der That spezifisch verschieden. Die Triebfeder zu sittlich schlimmen Handlungen ist jener niedere Eigennutz, der zu Gunsten der Neigungen, deren Inbegriff das sogenannte untere Begehrungsvermögen ausmacht, nicht nur das Sittengesetz überschreitet, sondern selbst schon eine Uebertretung desselben ist, indem dasselbe uns kein Verlangen nach einer Glückseligkeit, die der moralischen hinderlich ist, gestattet. Das Verlangen aber nach einer solchen Glückseligkeit, die nur der Wunsch eines endlichen Wesens seyn kann, das, und in so fern es, Vernunft und freyen Willen hat, ist eben so edler Abkunft, als die Sittlichkeit selbst, oder wird vielmehr durch einen gewissen Grad von Willensgüte allererst möglich, (Grundleg. S. 7.). Der Lasterhafte macht

Sin-

Sinneslust zur Triebfeder seiner Handlungen, das Verlangen nach eigentlicher Glückseligkeit ist bey ihm schlechthin unmöglich, bis er aufhört, lasterhaft zu seyn, wenigstens auf einige Augenblicke, denn es widerspricht sich völlig, sein Begehrungsvermögen der Heteronomie der Neigungen, und der Autonomie der Vernunft zu unterwerfen. Verlangen nach Glückseligkeit, die ihrem Hauptelement nach, bloß aus Unterwerfung unter das Sittengesetz entsteht, und mit allen Neigungen des Sinnen-Wesens nichts zu thun hat, ist nur durch Gesetzgebung der Vernunft möglich, kann nur das Verlangen eines guten Willens seyn, ist also selbst etwas sittlich gutes. Der Beweggrund zum Laster ist die Lust, die man von der Befriedigung unsittlicher Triebe und Neigungen, — der zur Tugend hingegen, ist die Genugthuung, die man durch freywillige Lossagung von den Gesetzen der Sinnlichkeit und durch Befolgung der Gesetze, die man sich selbst giebt, und als vernünftiges Wesen geben muß, zu genießen hofft.

Das Prinzip der Glückseligkeit ist Heteronomie, weil ein Objekt des Willens zum Grund gelegt werden muß, um diesem die Regel vorzuschreiben, die ihn bestimme. Der Imperativ ist bedingt: Wenn und weil ich dieses Objekt will, muß ich

Das Prinzip der Glückseligkeit ist reine Autonomie. Es wird nicht ein gewisses Objekt meines Willens außer mir darinnen zum Grund gelegt, das ihn bestimme, sondern er selbst bestimmt sich sein Objekt, nemlich einen gewissen innern Zustand

ich so oder so handlen, mithin kann er nie moralisch, d. h. kategorisch gebieten. Der Wille bestimmt nie sich selbst, unmittelbar, durch die Vorstellung der Handlung, sondern nur durch die Triebfeder, welche die vorausgesehene Würkung der Handlung auf den Willen hat; ich soll etwas thun, darum weil ich etwas anders will, und hier muß noch ein anderes Gesetz in meinem Subjekt zum Grund gelegt werden, nach welchem ich dieses Andere nothwendig will, welches Gesetz wiederum eines Imperativs bedarf, der diese Maxime einschränke. Denn weil der Antrieb, den die Vorstellung eines durch unsre Kräfte möglichen Objekts nach der Naturbeschaffenheit des Subjekts auf seinen Willen ausüben soll, zur Natur des Subjekts gehört; so gäbe eigentlich die Natur das Gesetz, welstand des vernünftigen Wesens selbst. Der Imperativ heißt nicht: weil ich dieses Objekt (Glückseligkeit) will, muß ich so oder anderst handlen, sondern, weil ich ein vernünftiges Wesen bin, so muß ich meine moralische, geistige Glückseligkeit zum Ziel meiner freyen Willensbestimmungen machen. Dieser Imperativ ist eben so wenig bedingt als der formale: „weil ich ein vernünftiges Wesen bin, muß ich nach allgemeingültigen Maximen handlen." Er ist durch seine Natur dem vernünftigen Wesen kategorisch vorgeschrieben. „So wenig ich mir eine Vernunft ohne den Grundsatz des Widerspruchs denken kann, so wenig kann ich mir eine Begehrungskraft und Selbstthätigkeit ohne den Grundtrieb nach Glückseligkeit denken. Das Prinzip der Glückseligkeit ist daher in seiner höchsten Allge-

welches, als ein solches, nicht allein durch Erfahrung erkannt und erwiesen werden muß, mithin an sich zufällig ist, und zur apodiktischen praktischen Regel, dergleichen die moralische seyn muß, dadurch untauglich wird, sondern es ist immer nur Heteronomie des Willens, der Wille giebt nicht sich selbst, sondern ein fremder Antrieb giebt ihm, vermittelst einer auf die Empfänglichkeit desselben gestimmten Natur des Subjekts, das Gesetz *). Allgemeinheit und an und für sich genommen, gar nicht als ein materiales (durch Heteronomie gegebenes, auf ein äußeres Objekt sich beziehendes) Prinzip anzusehn, sondern lediglich als ein formales, welches **unzertrennlich** und wesentlich mit zur beseelten Natur gehört. Es verhält sich eben so zu dem Begehrungsvermögen, wie das Prinzip des Widerspruchs zu dem Erkenntnißvermögen, und ist in seiner Art eben so rein und allgemein, eben so wenig empirisch und materiell **).„

Der Wille bestimmt sich selbst unmittelbar, durch sein eigenes, nothwendiges, allgemeingültiges, kategorisches Gesetz. In der Natur des empfindenden, selbstthätigen Wesens bedarf dem Prinzip der Glückseligkeit eben so wenig ein anderes höheres Gesetz zum Grund gelegt zu werden, nach welchem es Glückseligkeit nothwendig wolle, als in einem vernünftigen Wesen ein höheres Gesetz angenommen werden muß, nach welchem es nothwendig dem

*) Grundlegung d. M. d. S. S. 93. f.
**) Braunschw. Journ. 1788. 12 St. S. 469.

Satz des Widerspruchs gemäß urtheile und schließe. Also, noch einmal, nicht, weil ich Glückseligkeit will, muß ich das Prinzip der Glückseligkeit zum Grundgesetz meiner freyen Handlungen machen, sondern weil ich ein vernünftiges freyes Wesen bin. Nicht ein Antrieb von außen, einer gewissen Empfänglichkeit des Subjekts gemäß, sondern der Wille giebt sich das Gesetz. Diese Regel ist also nur in so fern an sich zufällig, als es das moralische Subjekt selbst ist, das sie sich vorschreibt. Die Existenz dieses Subjekts vorausgesetzt, ist sie ein apodiktisch praktisches Prinzip.

Es ist bey dem Prinzip der Glückseligkeit nicht, wie es bey einem Gesetz der Sittlichkeit seyn muß, daß es in jedermanns Gewalt zu aller Zeit stehe, seiner Vorschrift Genüge zu leisten, indem es auf die Kräfte und das physische Vermögen ankommt, den begehrten Gegenstand würklich zu machen *).

Da es in Jedes Gewalt zu aller Zeit ist, dem kategorischen Gebote der Sittlichkeit Genüge zu leisten (Crit. d. pr. V. S. 64.), und das Bewußtseyn dieses gethan zu haben, die Grundlage aller Glückseligkeit ist, und da das Gesetz der Glückseligkeit nicht die Wirklichmachung aller äußerlichen Elemente des Wohlbefindens, die nicht in unserer Gewalt sind, sondern vielmehr die willigste Resignation auf das, was wir nicht besitzen können,

---

*) Critik d. pr. Vern. S. 64

nen, und die großmüthige Erduldung der Widerwärtigkeiten, die uns treffen, von uns fordert; so steht es zu allen Zeiten in unsrer Gewalt seiner Vorschrift Genüge zu leisten, und wir sind darinnen nicht durch das Maaß unsrer physischen Kräfte beschränkt.

Es ist etwas in der Idee unserer praktischen Vernunft, welches die Uebertretung eines sittlichen Gesetzes begleitet, die Strafwürdigkeit. Wenn nun ein Verbrechen für sich strafbar ist, d. h. Glückseligkeit, wenigstens zum Theil, verwirkt; so wäre es offenbar ungereimt, zu sagen, das Verbrechen habe darinn bestanden, daß ein Mensch sich eine Strafe zugezogen hat, indem er seiner Glückseligkeit Abbruch that, welches nach dem Prinzip der Selbstliebe der eigentliche Begriff alles Verbrechens seyn müßte *).

Wenn einem vernünftigen Geschöpf die Sorge für seine Glückseligkeit von der Natur selbst übertragen ist, und es vernachläßigt diese Sorge, so wird es billig für straffällig, d. h. der Glückseligkeit verlustig erklärt. Das Verbrechen aber besteht nicht darinn, daß es sich eine Strafe zugezogen hat, sondern darinn, daß es seine Pflicht, sein eigenes Bestes zu besorgen, vernachläßigt hat. Die wirkliche Entziehung seiner Glückseligkeit, oder eines Theils derselben, ist seine (natürliche oder positive) Strafe. Wer einer sinnlichen Neigung, den Forderungen seiner höhern

*) a. a. O. S. 65. f.

hern Glückseligkeit zuwider, nachgiebt, der verdient an seiner geistigen Glückseligkeit einen Abbruch zu leiden, und leidet ihn auch würklich, er wird gestraft. Der böse Wille, die Nachgiebigkeit gegen das Gesetz der Sinnlichkeit, den Vernunftforderungen zuwider, das ists, was ihn zum Verbrecher macht, und der innere Widerspruch, den er nun erfährt, ist seine natürliche Strafe.

Aus der bisherigen Verantwortung der Vertheidiger des Prinzips der Glückseligkeit scheint sich nun zu ergeben, daß nach diesem Grundgesetz der Sittlichkeit durchaus keine Maximen und Handlungen gebilligt werden, die nach dem Urtheil der richtig gebrauchten Vernunft für unsittlich erklärt werden, wenn sie gleich mit äußerlichen Vortheilen verbunden wären, und daß es eine völlig verwerfliche Maxime wäre, um irgend einer scheinbar guten Folge willen, eine Handlung sich zu erlauben, die die Vernunft nicht billigen kann, indem eine solche Maxime den Willen des vernünftigen Wesens, der die vollkommene Verpflichtung anerkennen muß, dem unbedingten Gesetz der Sittlichkeit sich zu unterwerfen mit sich selbst in Widerspruch setzt, dieser innere Widerspruch mit sich selbst aber unmöglich mit Zufriedenheit und Gemüthsruhe, die Unruhe aber des Gemüths unmöglich mit Glückseligkeit bestehen kann, weil diese nicht eigentlich in den Genuß äußerer Güter und Vorzüge oder in thierisches Wohlseyn gesetzt werden muß, sondern in den Zustand innern Vergnügens und der Zufriedenheit, deren Hauptelement die Uebereinstimmung mit sich selbst und das Bewußtseyn eines guten

guten sich immer mehr der sittlichen Vollkommenheit nähernden Willens ist. Dieser Zweck aber, sagen sie, der die Naturbestimmung aller empfindenden und denkenden Wesen sey, über den wir gar keine höhern uns denken können, auf den die ganze Einrichtung unsrer Natur augenscheinlich abziele, könne unmöglich durch einen Instinkt erreicht werden, es sey vielmehr die Cultur der Vernunft in praktischer Rücksicht, weit entfernt, daß sie ein Hinderniß der Glückseligkeit seyn sollte, die einzige höhere Quelle derselben.

Da nun aber dieß Verlangen nach Glückseligkeit mit der Natur eines freyen Wesens nothwendig verbunden sey, so könne auch das Prinzip der Glückseligkeit nicht Heteronomie seyn; es sey keine materielle Regel, die den Bestimmungsgrund des Willens im untern Begehrungsvermögen setze, kurz, es habe alle Eigenschaften eines höchsten praktischen Gesetzes, es sey nicht abgeleitet von einem höhern Gesetz, sondern das erste, nicht abstrahiert von irgend einer anthropologischen Eigenthümlichkeit, sondern die allgemeine, und apodiktisch gewisse Vorschrift für alle freye vernünftige Wesen.

Ich versuche nun zu beweisen, daß all des guten Scheins unerachtet, womit sich der Grundsatz der eigenen Glückseligkeit gegen alle bisher gemachte Vorwürfe zu vertheidigen weiß, er dennoch zu einem Grundgesetz der Sittlichkeit so gar nicht tauglich sey, daß er vielmehr, wenn er zu dieser Würde erhoben wird, alle Moralität vernichte.

Wir

Wir wollen nicht davon sagen, daß sich der Beweis davon, daß der letzte Zweck des Daseyns vernünftiger Wesen kein anderer, als ihre Glückseligkeit seyn könne, nicht wohl auf eine genugthuende Art führen lasse. Denn es wäre immer vielleicht gedenkbar, und der reinen Vernunft sehr angemessen, daß der letzte Zweck des Daseyns aller vernünftigen Wesen kein anderer als ihre eigene Vollkommenheit, ihre Willensgüte, ohne einigen Genuß derselben, seyn könnte.

Wir wollen es als Grundsatz annehmen, daß Glückseligkeit der letzte höchste Zweck des Daseyns aller vernünftigen Geschöpfe sey. Folgt nun daraus, daß der Grundsatz: „Befördere (oder beabsichte) deine eigene Glückseligkeit" das Grundgesetz der Sittlichkeit seyn müsse? Dieß würde nur alsdann folgen, wenn die Glückseligkeit zu der wir bestimmt sind, das bloße sinnliche Wohlseyn wäre *). Dann müßten unsre Bemühungen darauf gerichtet seyn, uns mit den Dingen außer uns in solche Verhältnisse zu setzen, daß wir zu jeder Zeit die möglich größte Summe angenehmer Empfindungen erhielten und alles unangenehme so viel möglich von uns entfernten. Wenn aber eine solche Glückseligkeit der letzte Zweck unsers Daseyns wäre, so ist nichts gewisser, als daß die Natur ihre Veranstaltung sehr schlecht getroffen hätte, die Sorge für unsre Glückseligkeit der trüglichen, oft beynahe blinden Leitung unsrer Vernunft zu unterwerfen, und daß dieß Geschäfft

---

*) Es erhellt sogleich, daß in diesem Fall nur der Nahme, nicht der Begriff der Sittlichkeit übrig bliebe.

Geschäfft mit besserem Erfolg und mehrerer Sicherheit einem Instinkt anvertraut werden konnte; oder daß der Schöpfer weislicher gehandelt hätte, statt Wesen unsrer Art zu schaffen, seine Welt mit epikurischen Göttern anzufüllen, die gar nichts zu thun hätten, als die ihnen angestammte Glückseligkeit zu genießen. — Aber eben aus der herrlichen Gabe der Vernunft und Freyheit schließen ja selbst die Eudämonisten, daß nicht der sinnliche Genuß, sondern vielmehr das Selbstbewußtseyn der geistigen Vollkommenheit die von der Natur beabsichtete Glückseligkeit vernünftiger Geschöpfe sey. Eben deswegen, sagen sie, müssen wir unsre Absichten und Handlungen nicht eigentlich auf thierische, sondern auf geistige Glückseligkeit richten, durch die Vorstellung derselben unsre eigennützige Zwecke sinnlichen Genusses einschränken, müssen den Selbstgenuß, der aus dem Bewußtseyn, recht gehandelt zu haben, entsteht, als den vornehmsten, edelsten, dauerhaftesten Bestandtheil unsrer Glückseligkeit immer zuerst beabsichten.

Setzt aber nicht diese Behauptung voraus, daß die Sittlichkeit, die Willensgüte etwas von dem Trachten nach Glückseligkeit verschiedenes sey? Wenn ich aber den Eudämonisten frage: Welches sind die sittlich besten Handlungen, so muß er sagen, die, wodurch meine Glückseligkeit am meisten befördert wird. Und frage ich ihn, wodurch meine Glückseligkeit am meisten befördert werde, so antwortet er, durch die sittlich beste Handlungen. Wenn dieß kein Zirkel ist, was ist denn sonst einer?

„Nein

„Nein sagen sie, man thut uns Unrecht. Auch in unserm System besteht die sittliche Güte in der Uebereinstimmung des freyen Willens mit den Forderungen der Vernunft. Und unser höchstes Prinzip der Sittlichkeit heißt: Handle vernünftig, handle so, daß deine Maximen die Form der Vernunft haben. Auch uns ist die Moral die Wissenschaft, die uns lehrt, was wir thun müssen, um recht zu handlen, nicht um glücklich zu werden. Aber jener formelle Grundsatz der Sittlichkeit lehrt uns Nichts. So wenig als der Satz des Widerspruchs. Wenn wir wissen wollen, welche Handlungen recht, welche Maximen vernünftig seyen, so müssen sie nach einem höhern Gesetz geprüft werden. Das höchste Gesetz aber ist das, das auf den letzten Zweck unsers Daseyns hinweist, folglich das Prinzip der Glückseligkeit. Von diesem Prinzip, als dem letzten Gesetz aller freyen Willensbestimmung vernünftiger Wesen ist also die Moral in allen ihren Erkenntnissen abhängig."

Was hilft es nun, die Antwort auf die Frage, was recht und gut sey, auf diese Art hinauszuschieben? Sie kann ja am Ende doch nicht anders heißen, als: das, was meine Glückseligkeit sicher befördert. Die höchste Gesetzgeberin ist doch nicht die Vernunft, sondern mein Bedürfniß, die Sinnlichkeit, und die Vernunft ist der Sinnlichkeit untergeordnet, um ihr die Mittel zu harmonischer Befriedigung ihrer Triebe zu zeigen *). Ich läugne nicht, daß Glückseligkeit der letzte Zweck des Daseyns der Geister, daß der Selbstgenuß

*) Schmids Moralphilos. §. 85. Num. 8.

genuß seiner Realitäten, besonders der Willensgüte, (die Seligkeit), der vornehmste Bestandtheil derselben sey, daß also aus diesem Zweck das Gebot: Beförbere deine (wahre) Glückseligkeit, als höchster Bestimmungsgrund unsrer freyen Handlungen richtig abgeleitet werde. Und ich läugne es deswegen nicht, weil, und in sofern in diesem Gebot der Glückseligkeit das Gesetz der Sittlichkeit zuerst mit enthalten ist. Aber ich bin weit entfernt, zuzugeben, daß also das Prinzip der Glückseligkeit ein höheres Gesetz für meine freye Handlungen sey, als der formale Grundsatz der Sittlichkeit, daß man nach jenem die Rechtmäßigkeit der Maximen prüfen müsse oder könne. Wäre dieß, so wäre die Sittlichkeit ein leerer Name, ein bloßes Hirngespinnst. So bald der Begriff des Nützlichen ein höherer Begriff ist, als der des Guten, so ist ganz gewiß zwischen Tugend und Laster kein spezifischer Unterschied mehr, indem der Lasterhafte durch seine Handlungsart eben so gut als der Tugendhafte seine Glückseligkeit sucht. Es giebt keinen bösen und keinen guten, edlen Menschen. Es giebt nur Thoren und Weise oder vielmehr Kluge. Jene wählen zur Erreichung des Zwecks, den sie mit diesen nach einer Naturnothwendigkeit gemein haben, falsche und unsichere — diese gute und sichere Mittel. Ein grober Rechnungsfehler ist es freylich, eine dauerhafte unvermischte Glückseligkeit im Dienst der Wollust suchen, da die gröbern sinnlichen Freuden die Bedürfnisse eines vernünftigen Geists unmöglich befriedigen können, Ekel und Reue, Leerheit des Herzens, auch wohl Kränklichkeit des Körpers und dadurch Untüchtigkeit

D zu

zu fernerem Genuß zur Folge haben; aber was ist dieser Dienst der Sinnlichkeit weiter, als ein Rechnungsfehler? Der Thor sucht dadurch seine Glückseligkeit und findet sie nicht. Der Weise sucht sie hauptsächlich in Erwerbung und Erhöhung eigener Realitäten, deren Anschauen ihm eine reine, unversiegbare immer ergiebigere Quelle von Vergnügen ist. Wenn aber diese Realitäten kein **absolutes Gut**, nicht Zweck der Natur an sich selbst sind, wenn sie nur deswegen, so wie alles, was man gut nennen kann, etwas Gutes sind, weil sie positive Beziehung auf Glückseligkeit haben *), wenn nur ihr Genuß Naturzweck ist **); wenn also Tugend darinn besteht, daß man zur Erreichung des Naturzwecks die rechten — das Laster aber, daß man zu eben dieser Absicht, die unrechten Mittel wählt, so ist jene nichts anders, als Klugheit, dieses Unklugheit.

Es ist umsonst, zu sagen, die Intention des Tugendhaften sey eine andere, als die des Lasterhaften, jener suche geistige Glückseligkeit, dieser sinnliche Lust, und darinn liege der spezifische Unterschied zwischen Tugend und Laster. Wenn nicht durch ein höheres Gesetz der Sittlichkeit entschieden ist, daß das Trachten nach geistiger Glückseligkeit, Tugend, die Absicht auf sinnliches, thierisches Wohlseyn (als letzter Bestimmungsgrund der Handlungen), Laster sey, d. h. wenn nicht das Prinzip der eigenen Glückseligkeit durch ein höheres Gesetz bestimmt und eingeschränkt ist,

wenn

---

*) Braunschw. Journ. 1788. 12 St. S. 486.

**) a. a. O. 6 St. S. 137.

wenn also das höchste Grundgesetz meiner Willensbestimmungen ist, angenehme Empfindungen zu suchen, diese Absicht aber bey dem Guten und Bösen gleich ist, so unterscheiden sie sich blos durch die Mittel, wodurch jeder seinen Zweck zu erreichen sucht. Bey beyden liegt der Bestimmungsgrund ihres Begehrens in der erwarteten Annehmlichkeit, also im untern Begehrungsvermögen und geistige Glückseligkeit ist nur dadurch von der sinnlichen unterschieden, daß bey jener die vergnügende Vorstellungen von dem Verstand, bey dieser von den Sinnen ihren Ursprung haben; es kann aber bey der Vergleichung und Beurtheilung dieser verschiedenen Mittel angenehmer Empfindungen nicht darauf ankommen, woher sie ihren Ursprung haben, sondern nur, wie sehr sie vergnügen *). In dieser Rücksicht nun haben die intellektuellen Quellen angenehmer Empfindungen einen unstreitigen Vorzug vor den sinnlichen, ihr Vorzug aber besteht nicht darinn, daß sie intellektuell sind, sondern eben darinn, daß sie reinere, dauerhaftere Glückseligkeit gewähren. Offenbar hat der Eudämonist keinen andern Würdigungsgrund, als diesen, denn in seinem System giebt es gar nichts absolut Gutes als die Glückseligkeit, alles übrige ist nur relativ, in Beziehung auf diese, gut. Wer also nach geistiger Glückseligkeit trachtet, das heißt, wer sich intellektuelle Quellen angenehmer Empfindungen öffnet, wählt nur sicherere Mittel zum nothwendigen Endzweck aller selbstthätigen Wesen, als der, der nach Sinneslust strebt. Das heißt, Tugend ist nichts anders als Klugheit.

„Nein,

*) Kants Krit. d. pr. V. S. 41.

„Nein, wird der Eydämonist antworten, geistige Glückseligkeit ist der Selbstgenuß, der unmittelbar aus dem Bewußtseyn, recht gehandelt zu haben, entspringt. Wer nun diesen Selbstgenuß durch tugendhafte Gesinnungen und Handlungen sucht, ist doch besser, als der, der im Dienst des Lasters, seiner unsittlichen Neigungen seine Glückseligkeit zu befördern trachtet." Ich antworte: die tugendhafte Handlung, durch die ich Selbstgenuß suche, hört eben dadurch auf, tugendhafte Handlung zu seyn. Wenn ich das, was meine Vernunft für sich schon mir zur Pflicht macht, nur darum thue, weil ich auf die süße Selbstbelohnung der Tugend warte, so hat nicht die Vernunft, nicht die erkannte Pflicht, sondern das untere Begehrungsvermögen meinen Willen bestimmt, ich bin durch meine unedle Absicht dem Lasterhaften gleich, ich bin nicht besser, sondern vielleicht nur klüger als er. Um aber überhaupt von der Selbstbelohnung der Tugend etwas zu wissen, mußte sich der Vertheidiger des Prinzips der eigenen Glückseligkeit bey der gemeinen Menschenvernunft orientiren; aber bemerkt er denn nicht, daß er sich dadurch als einen äusserst inconsequenten Eydämonisten verräth? Tugend ist ja in seinem System nichts anders, als Beförderung oder Beabsichtung eigener Glückseligkeit; recht thun, gut seyn, ist ja nichts anders, als diese immer mehr zu erhöhen suchen. Wie kann nun das Bewußtseyn der Beabsichtung meiner Glückseligkeit selbst Glückseligkeit seyn? bin ich denn dadurch reich, daß ich es gern seyn möchte, daß ich mich bemühe es zu seyn? Mich dünkt, was ich erst suche, das habe ich noch nicht, indem ich also glücklich zu werden suchte, bin ich es noch nicht. Würde ichs aber durch dieß Suchen,

unmit-

unmittelbar, wäre Suchen und Finden eins und eben dasselbe, so würde die Tugend durch ihre Selbstbelohnung in jedem Augenblick sich selbst zerstören, denn ich würde doch mit jedem Finden aufhören das gefundene zu suchen, d. h. tugendhaft zu seyn, und je weiter es ein Geist in der Selbstgenügsamkeit, in jenem Selbstbewußtseyn der Willensgüte, als dem Hauptstück der Glückseligkeit gebracht hätte, je mehr würde sein Verlangen nach einer erst zu erwartenden Glückseligkeit, das doch gewiß nur im Gefühl des Elends am heftigsten seyn kann, abnehmen, das heißt, je weiter er sich seinem wahren Zweck näherte, je **vollkommener er würde, desto weniger tugendhaft** würde er werden müssen. — Doch — ich begreife mich. Wenn die geistige (moralische) Glückseligkeit nichts anders ist, als das Bewußtseyn, daß man sich um Glückseligkeit bewerbe, und dieß Bewerben aufhören muß, so bald man sie würklich genießt, so wird ja mit dem Bewerben auch das Bewußtseyn desselben, d. h. die geistige Glückseligkeit, aufhören müssen; die Selbstbelohnung der Tugend wird kein Begriff seyn, der sich selbst widerspricht, also — in dem System der eigenen Glückseligkeit etwas ganz **unmögliches.**

Der Eudämonist hat vollkommen recht, zu sagen: Gewährt denn das Bewußtseyn der sittlichen Vollkommenheit **nach aller vernünftigen Menschen Empfindung und Urtheil,** nach dem allgemeinsten Sprachgebrauch und nach der allereigentlichsten Bedeutung der Worte nicht gerade die höchste Glückseligkeit*)? Aber wenn er dieses gemeinschaftliche Urtheil

---

*) Braunschw. Journ. 1788. 12. St. S. 486.

Urtheil aller Vernünftigen und den Sprachgebrauch zur Rechtfertigung seines Prinzips, als des höchsten Gesetzes der Sittlichkeit, anführen will, so müssen wir ihm entgegenhalten, daß er gerade dadurch sich selbst das Urtheil spreche, indem eben auch aus diesem Sprachgebrauch und allgemeinen Geständniß der vernünftigen Menschheit unwidersprechlich folgt, daß sittliche Vollkommenheit etwas von dem Trachten nach Glückseligkeit verschiedenes sey, und also sein Prinzip unmöglich zum Gesetz der Sittlichkeit tauge.

Zur Vertheidigung seines Grundsatzes, daß der letzte Naturzweck bey allen empfindenden denkenden Wesen ihre Glückseligkeit sey, beruft sich der Eudämonist auf die Erfahrung, daß das angebohrne Streben alles dessen, was lebt, empfindet, und denkt, auf Erreichung seines Wohlseyns und seiner Glückseligkeit gehe; daß der Instinkt alles lehre und treibe, das zu wählen und zu thun, was sein Wohl befördere und vermehre, das hingegen zu fliehen und zu vermeiden, was Uebelseyn erzeuge. *) Muß nun, in einem System, das keine andere Vollkommenheit kennt, als die Beziehung auf Glückseligkeit, in dem die sittliche Güte nichts anders, als die Bewerbung um Glückseligkeit ist, muß in einem solchen System nicht das Wesen, das das stärkste angebohrne Streben, den heftigsten Instinkt nach eigenem Wohlseyn hat, auch das sittliche vollkommenste, und wenn sittliche Vollkommenheit die unmittelbare Quelle der höchsten Glückseligkeit ist, das glücklichste seyn? Ist aber

Sitt-

---

*) a. a. O. S. 464.

Sittlichkeit nicht nach aller vernünftiger Menschen Urtheil und dem allgemeinsten Sprachgebrauch das Verhältniß des ganz freyen, von keinem Instinkt gezwungenen Willens zum Vernunftgesetz? ist sie nicht etwas von Eigennuß unendlich verschiedenes? Ferner, führt nicht die sittliche Vollkommenheit eben deßwegen, weil sie ganz unser Werk, der männliche Gebrauch unsrer Freyheit, zum Troß aller Triebe und Neigungen, weil sie selbstgewirkte Unabhängigkeit von Naturgesetzen ist, jenes selbstbelohnende Gefühl mit sich? Dieß Gefühl ist nichts anders, als Selbstschätzung. Woher sollte aber diese Selbstschätzung kommen, bey einem Wesen, das nichts anders will, als was es nach einer Naturnothwendigkeit wollen muß?

Ueberdieß, wenn diese Selbstschätzung, oder Selbstzufriedenheit auch möglich wäre, wie kann sie denn Erkenntnißquelle der Tugend seyn? und dieß müßte sie ja, wie Herr Proreftor Snell (im Braunschw. Journal 1788. 9. St. S. 58.) sehr scharfsinnig bemerkt, wirklich seyn, wenn man sich zu Vertheidigung des Glückseligkeits-Prinzips auf sie mit Grund berufen wollte. Sein würdiger Gegner antwortet zwar (a. a. O. 12. St. S. 477.), die Vernunft sey die Erkenntnißquelle der Tugend, durch sie unterscheiden wir, was Recht oder Unrecht sey, und das innere Gefühl bestimme unsern Werth und unsre Glückseligkeit, je nachdem wir der Vernunft Folge leisten, oder nicht. In dieser Antwort aber ist der Evdämonist nicht zu erkennen. Er muß sich aber zu erkennen geben, und sich nothwendig in seinem System ver-

verwickeln, so bald wir weiter fragen: Woher erkennt die Vernunft, was Recht oder Unrecht sey?

Er muß antworten: Recht ist was meine Glückseligkeit befördert (S. 469.). Was für Handlungen gewähren mir also Selbstbefriedigung? d. h. welche beglücken mich am meisten? Antwort: die, so mich am meisten beglücken.

Es kann ja nicht anders seyn, wenn Glückseligkeit die Erkenntnißquelle der Tugend ist, wenn der Gewissensgenuß des Tugendhaften der Glückseligkeit Hauptelement ist, so muß auch der Vorschmack von jenem uns beurtheilen lehren (S. 478.), was Recht oder Unrecht sey. Es setzt aber vielmehr eben jene aus dem Bewußtseyn recht gethan zu haben, unmittelbar entstehende Achtung voraus, daß wir anders woher wissen, was recht ist, oder nicht (S. 58). Aus dem Begriff der Seligkeit, die nichts anders ist, als das beseligende Bewußtseyn, recht gehandelt, oder im Rechthandlen eine Fertigkeit zu haben, zu der Tugend geneigt zu seyn, läßt sich doch unmöglich das Gesetz ableiten, welches mir sagt, wie ich handlen müsse um recht zu handlen, um tugendhaft zu seyn; eben so wenig, als ich mir aus dem Begriff des bösen Gewissens den allgemeinen Charakter sittlichböser Handlungen abstrahiren kann.

So scheinbar nun die Vertheidiger des Prinzips der eigenen Glückseligkeit die ihnen gemachte Vorwürfe beantworten können, so augenscheinlich ist es, daß sie diesen Vortheil nur dadurch erhalten, daß sie die **moralische Glückseligkeit** zum Hauptelement der Glück-
selig-

seligkeit überhaupt machen. Da sie nun aber ohne diesen Behelf unmöglich auskommen können, und da es eben so unmöglich ist, von moralischer Glückseligkeit zu reden, ohne anzunehmen, daß die Sittlichkeit eine eigenthümliche, von der Glückseligkeit unabhängige Würde habe, daß sie also nach dem Begriff der letztern gar nicht geprüft werden könne, und ein von dem Prinzip der Glückseligkeit unabhängiges Grundgesetz voraussetze, so ist offenbar, daß die Evdämonisten, indem sie ihr Prinzip mit den erborgten Waffen der Tugend verfechten, sich der größten Inconsequenz schuldig machen; und daß das Prinzip: „Befördere deine eigene Glückseligkeit" nur alsdann als Bestimmungsgrund unsrer freyen Handlungen gelten könne, wenn zugegeben wird, daß das Grundgesetz der Sittlichkeit = † als Hauptbestandtheil darinn enthalten sey, welches die Evdämonisten, ohne sich selbst zu widersprechen, nicht zugeben können, und daß also ihr Prinzip, in dem Sinn, wie sie es behaupten, unmöglich Grundsatz der Sittlichkeit seyn könne.

Ich will mich deutlicher hierüber erklären. Vernunft und Erfahrung weisen uns darauf hin, daß der letzte Zweck des Daseyns empfindender, vernünftiger und freyer Wesen kein anderer, als Glückseligkeit, und diese, ihrem Hauptbestandtheil nach, selbstgewirkte Glückseligkeit, aus dem Bewußtseyn der Würdigkeit derselben entspringender Selbstgenuß, Seligkeit, seyn müsse.

Aus diesem letzten Naturzweck fließt nun unmittelbar für unsre freyen Handlungen das Grundgesetz:

beför-

befördere deine Glückseligkeit (oder: thue das, was deine Glückseligkeit befördert). Und wenn wir dieses weiter analysiren, so ist der Hauptsatz darinn folgender: Befördere deine Glückseligkeit (Seligkeit) durch Sittlichkeit, dadurch, daß du thust, was recht und gut ist.

Auch dieß folgt aus dem vorhergehenden. (Das ist es eben, was wir immer sagen, werden die Eudämonisten einwenden. Sie sagen aber nur so, wenn sie polemisiren, und hören eben dadurch auf, ihrem dogmatischen System getreu zu seyn, wie sich in der Folge noch weiter zeigen wird.)

Nun entsteht nothwendig die Frage: was muß ich thun, daß ich selig werde? oder welches eben so viel ist, wie muß ich handeln, daß ich sittlich gut handle? Offenbar wird hier nach einer gewissen Beschaffenheit, nach der rechten Form der freyen Handlungen gefragt. Diese Form heißt: Sittlichkeit. Ich muß also das Gesetz angeben, das mir die rechte Beschaffenheit der Willensbestimmungen vorhält. Wie kann ich nun diese Frage dadurch beantworten, daß ich irgend ein Objekt als Bestimmungsgrund des Willens angebe? Es müßte ja wiederum dieß Objekt, dieser Zweck eines guten Willens, durch irgend ein Gesetz der Sittlichkeit bestimmt seyn, sonst könnte ich unmöglich zu seiner Hervorbringung verpflichtet seyn*). Ich lasse mich also nicht befriedigen, bis man mir jenes Gesetz angiebt. Wie lächerlich aber wäre

---

*) S. Ulrichs Einleitung zur Moral. Jena 1789. §. 12.

wäre vollends auf meine Frage: was muß ich thun, daß ich selig werde? die Antwort: Befördere deine Seligkeit (Glückseligkeit)! Und doch können die Eudämonisten nicht anders antworten, ohne ihrem System ungetreu zu werden. Denn daß die Antwort, handle vernünftig, sie nur auf einen Augenblick von dem Zirkel, in den sie nothwendig verfallen müssen, errette, ist schon gezeigt worden.

Consequent kann nur der Eudämonist seyn, der offenherzig mit Epikur gesteht, daß sinnliches Wohlseyn und eine gewisse Indolenz und Gleichmüthigkeit (ἀταραξια, ἀπονια) die ganze menschliche Glückseligkeit ausmache, daß Sittlichkeit nichts anders sey und seyn solle, als die rechte Art sich um Glückseligkeit zu bewerben, und daß die Tugend darinn bestehe, daß man auf diese seine Maximen richte. Dieser kann immer antworten, recht ist, was meine Glückseligkeit befördert. Aber wenn der Eudämonist von einer moralischen Glückseligkeit spricht, die vom Vergnügen des Epikur etwas ganz verschiedenes, etwas weit erhabeneres, und das Hauptelement aller Glückseligkeit, seyn soll, wenn er die Einwürfe, daß die Maximen der Tugend nicht alle auf Glückseligkeit, und die der Glückseligkeit nicht alle auf Tugend führen, dadurch abfertigen will, daß er sich auf das selbstbelohnende Bewußtseyn der Tugend, als die Grundlage aller Glückseligkeit beruft, und doch behauptet, alles Gute sey nur in Beziehung auf Glückseligkeit gut, was nicht empfunden werde, beglücke und beselige, sey nichts Gutes; wenn er keine weitere Auskunft über die

Nach-

Nachfrage, was recht sey geben kann, als daß er es durch das Nützliche erklärt; so weiß man in der That nicht, was man denken soll.

Es ist in der That nicht anders. So lang der Eudämonist sich selbst nicht widersprechen will, darf ihm, wie dem Epikureer *), weil in seinem System Glückseligkeit, das einzige absolut gute, das ganze höchste Gut ist, Sittlichkeit (Tugend) nichts anders, als die Form der Maxime, sich um sie zu bewerben, d. h. Klugheit seyn.

Ganz etwas anders aber ist die Sittlichkeit nach dem Urtheil der allgemeinen Menschenvernunft, und dem durchgängigen Sprachgebrauch. Und es gereicht in der That zur größten Rechtfertigung der Realität des Begriffs der Sittlichkeit, der bey allen Menschen, wenn gleich nicht deutlich gedacht, doch in der Form eines dunklen aber nichts desto weniger freyen Gefühls, des Gewissens, sich findet, daß, wie Kant sich ausdrückt, die Stimme der Vernunft in Beziehung auf den Willen, so deutlich, so überschreibar ist, daß selbst die Systeme der Moral, die durch ihre Grundsätze offenbar die Realität des Begriffs der Sittlichkeit aufheben, sich doch in der Folge zur Vertheidigung ihrer Systeme immer genöthigt finden, ihre Zuflucht zu diesem Begriff zu nehmen, das (unbekannte) Gesetz der Sittlichkeit, als einen Lehrsatz, der doch durchaus in ihre Wissenschaft nicht taugt, von der gemeinen Menschenvernunft zu borgen, und sich dadurch

---

*) S. Kants Krit. d. pr. V. S. 200. f.

dadurch der handgreiflichsten Inconsequenz schuldig zu machen, welche zu verbergen, alle ihre Bemühung vergeblich ist *).

Der Begriff von Sittlichkeit aber, der der gemeinen Vernunft beywohnt, ist die Ueberzeugung aller Menschen, daß gewisse Handlungen und Absichten recht andere unrecht seyen, an und für sich, ohne Rücksicht auf irgend ein zu beabsichtendes Objekt, auf Tauglichkeit zu Erreichung irgend eines Endzwecks. Der Grundsatz nun, nach dem ich meine Maximen prüfen kann, ob sie gut oder böse sind, ist das Grundgesetz der Sittlichkeit.

Nun sagen freylich die Vertheidiger der materiellen Prinzipien, es lasse sich ja nicht anders denken, als daß jedes Gesetz auf irgend ein Objekt, als seinen Zweck sich beziehen müsse; die Vernunft könne kein Gesetz, keine Regel des Thuns und Lassens uns vorschreiben, ohne auf einen Zweck dabey Rücksicht zu nehmen. Die Evdämonisten fahren nun fort: „Einen solchen absoluten Zweck in der Natur giebt sie uns selbst an, die denkende Wesen machen ihn aus; sie machen ihn aber nicht aus, in so fern sie bloß existiren,

Reali-

---

*) „Ich vermag nicht, das Geständniß zurückzuhalten, „daß mir jeder erste Grundsatz der Moral, der den „Grund der sittlichen Verbindlichkeit nicht unabhängig vom Triebe nach Vergnügen festsetzt, nur durch „eine moralische Erklärung seines Wortsinns derjenigen Bedeutung fähig scheint, die er begründen, „nicht voraussetzen sollte." Reinholds Versuch einer neuen Theorie des menschl. Vorstellungsvermögens. S. 117.

Realitäten oder Vollkommenheiten besitzen, sondern in so fern sie mit Bewußtseyn ihrer selbst und ihrer Realitäten existiren. Dieß Bewußtseyn heißt Glückseligkeit; also ist diese der letzte Zweck in der Natur und muß das letzte Ziel aller freyen Selbstthätigkeit vernünftiger Wesen seyn. Aus dem Zweck werden die **Mittel bestimmt**, und die Gesetze der Moralität fließen also aus dem Prinzip der Glückseligkeit"*).

Wenn es nun also keinen letzten nothwendigen Endzweck der freyen Handlungen giebt, so giebt es auch keinen Beurtheilungsgrund der Maximen, ob sie gut oder bös seyen? Und wenn dieser letzte Endzweck meine eigene Glückseligkeit ist, so muß ich nach dieser meine Maximen prüfen?

Wie kommt es aber, daß unter den vielen Millionen Menschen, denen gewiß nie der Gedanke von einem letzten nothwendigen Endzweck der freyen Handlungen in ihre Seele gekommen ist, doch schwerlich einer sich finden wird, der nicht einen Unterschied zwischen guten und bösen Menschen und Handlungen machte; und daß die Viele, die weder nach dem Objekt der Glückseligkeit, noch irgend einem andern, die Maximen beurtheilen, in ihrer Beurtheilung doch eben so glücklich sind, als der geübteste Philosoph?

Mich dünkt dieß komme daher, daß das Grundgesetz der Sittlichkeit, nach welchem alle vernünftige Geister den Werth oder Unwerth ihrer Maximen nothwendig beurtheilen müssen, auf kein Objekt hinweißt, nicht

*) Braunschw. Jour. 6. St. S. 158.

nicht materiell ist. Und warum sollte denn das Gesetz, das mir blos die **Form** meiner Willensbestimmungen vorschreiben soll, nicht blos **formell** seyn können?

Es folgt aus der Natur eines freyen Wesens, das heißt, eines Wesens, das Vernunft und Freyheit des Willens (praktische Vernunft) hat, daß es seine Naturbestimmung ist, so oft es von physischem Zwang unabhängig handelt, oder handlen kann, daß es alsdann so handlen soll, wie die (reine, von Neigungen unabhängige) Vernunft ihm zu handlen befiehlt. „Ein freyes Wesen soll seinen Willen nach den Forderungen der Vernunft bestimmen" dieser Satz ist analytisch *), folglich unwidersprechlich. In diesem Grundsatz nun ist die (moralisch) nothwendige Beschaffenheit der freyen Handlungen angegeben, d. h. dieser Grundsatz ist das **Prinzip der Sittlichkeit**.

Daher, daß dieß Gesetz allen Geistern ins Herz geschrieben ist, kommt es, daß Jeder mit Zuverläßigkeit alle seine eigene Willensbestimmungen prüfen kann, ob sie gut oder böse sind.

Es ist schon bemerkt worden, daß die Eudämonisten diesen Grundsatz der Sittlichkeit zugeben, es ist aber auch bemerkt worden, daß sie alles wieder verderben, so bald sie ihn dem Prinzip der Glückseligkeit unterordnen. Sie sagen, um zu wissen, was **recht** ist, muß ich wissen, was **nützlich** sey, um zu wissen, was meine **Vernunft** fordert, muß ich wissen, was meine

---

*) Vergl. Schmids Versuch einer Moralphilosophie, §. 125. Kants Critik d. pr. Vernunft. S. 52.

meine Glückseligkeit fordert. Woher diese Folgerung? Daher, sagen sie, weil die Vernunft nicht fordern kann, ohne zu wissen, wozu; weil sie einen Zweck vor Augen haben muß, auf den ihre Gesetzgebung sich beziehe, ehe sie Gesetze vorschreiben kann, diesem Zweck nun giebt ihr die Natur an, er heißt Glückseligkeit.

Es ist aber, wie ich nun deutlicher zu zeigen suchen werde, falsch, daß die Vernunft nicht fordern kann, ohne einen Zweck vor Augen zu haben.

In ihrem theoretischen Geschäfften fordert die Vernunft, daß die Begriffe und Sätze, die sie zu einem System zusammenreihen soll, sich nicht widersprechen; dieß ist ihr Grundgesetz nach dem sie in ihren Operationen durchgängig sich richtet. Nach eben diesem Grundgesetz richtet sie sich im Praktischseyn. Sie läßt durchaus nichts zu, das sich selbst widerspricht. Hierzu bedarf sie nun keinen gewissen Zweck vor Augen zu haben. So widerspricht sich z. B. die Maxime, einen Unschuldigen zu strafen; der Widerspruch findet sich unmittelbar durch Vergleichung der Begriffe, ohne daß man einen Zweck, dem sie hinderlich wäre, sich dabey vorstellt. Daher gebietet die Vernunft kategorisch: keinen Unschuldigen zu strafen!

Eben so widersprechen sich selbst folgende praktische Sätze: Einen seines rechtmäßigen Eigenthums berauben; unvorsätzliche Beleidigungen rächen (strafen); eines Unglücklichen spotten (wegen seines Unglücks (unverschuldeten Uebels) Verachtung (moralische

ralische Mißbilligung) fühlen lassen); sein **Versprechen nicht halten**, u. d. g. m.

Es ist übrigens unläugbar, daß viele Handlungsarten nicht nach den darinn enthaltenen Begriffen allein, sondern nur nach einem gewissen Naturzweck (Glückseligkeit, Vollkommenheit) geprüft werden können, ob sie, als Gesetze sich widersprechen, oder nicht.

Aber beweist dieß, daß deswegen dem formalen Grundgesetz der Sittlichkeit ein materiales vorgesetzt werden müsse? Offenbar nicht.

Wenn meine Vernunft nach irgend einem Zweck meiner freyen Handlungen prüfen muß, ob eine Maxime so beschaffen sey, daß sie solche dem Willen vorschreiben oder verbieten müsse, so ist ja jener Grundsatz nur ein Gesetz für die Vernunft, ein Grundsatz der Beurtheilung (in praktischer Rücksicht) aber nicht ein Gesetz für den Willen, kein Prinzip der Sittlichkeit. Die Sittlichkeit besteht einzig und allein darinn, daß ich mich unbedingt zu dem bestimme, was die Vernunft fordert*). Der Wille ist der Unterthan der Vernunft. Der beste Unterthan ist der, der alle Gesetze seines Gebieters aufs vollkommenste beobachtet. Was sein Souverain für Gründe und Absichten bey seiner Gesetzgebung haben möge, geht ihn (als Unterthanen) nichts an. Er ist verbunden zu gehorchen

---

*) „Der absolute Zweck des reinen Willens ist nichts anders, als seine freye Würksamkeit selbst, die Sittlichkeit." Schmids Vers. einer Moralphilos. §. 140. Vergl. §. 38.

chen. So auch der Wille der Vernunft. In so fern er dieß thut, ist er ein **absolut guter Wille**; der Zweck der Gesetzgebung und die Folge seines Gehorsams mag seyn, was es immer will *). Dadurch, daß die Eudämonisten dieses läugnen, heben sie die Realität des Begriffs der Sittlichkeit auf.

Es ist ein großer Unterschied zwischen den beyden Fragen: Wie eine gewisse mögliche Handlung (als Begebenheit in der Sinnenwelt) beschaffen seyn müsse, wenn sie dem Willen vorgeschrieben werden soll? und: wie die **Willensbestimmung** (die Maxime) beschaffen seyn müsse, um sittlich gut zu seyn?

Die erstere Frage betrifft die objektive (**physische**) Güte einer Handlung. Auf diese lauft, aller Protestation unerachtet, bey dem Eudämonismus alles hinaus. Denn diese objektive Güte einer Handlungsart ist, wenigstens in den meisten Fällen, nichts anders, als ihr Verhältniß zur **Glückseligkeit** empfindender Wesen.

Auf diesen Zweck der Natur weist uns unstreitig die Erfahrung hin. Die ganze Einrichtung der Körperwelt, und die Bedürfnisse der Lebendigen, beyde im Verhältniß gegen einander, zeugen unwidersprechlich davon, daß das sinnliche Wohlseyn bey den empfindenden Wesen ein Zweck der Natur sey. Daher schreibt uns auch die Vernunft solche Handlungen vor, durch

---

*) „Der Begriff der Handlung, ohne Rücksicht auf die Würkungen, die für mich damit verbunden seyn möchten, enthält an sich selbst schon ein Gesetz für mich." Grundlegung zur Met. d. S. 18.

durch welche unsre eigene und fremde Glückseligkeit befördert wird, unter der Bedingung, daß sie nicht einem höhern Gesetz, der Sittlichkeit, widerstreiten. So urtheilt z. B. die Vernunft, daß es Pflicht für mich sey, einem Nothleidenden zu helfen, weil des Nothleidenden Glückseligkeit Zweck der Natur ist. Aber offenbar hört diese Pflicht auf, Pflicht für mich zu seyn, wenn ich sie nicht ohne Verletzung eines höhern Zwecks der Natur, meiner sittlichen Vollkommenheit, erfüllen kann. Aus diesem Grunde darf ich einem Nothleidenden nicht mit dem geraubten Eigenthum eines dritten helfen.

Die andere Frage: wie eine Maxime (als Willensbestimmung) beschaffen seyn müsse, um sittlich-gut zu seyn? betrifft etwas ganz anderes, als die physische Güte, sie betrifft die Sittlichkeit. In dieser Rücksicht ist die einzige, unnachlässige Erforderniß, daß ich nie etwas deßwegen zur Maxime mache, weil es mir von der Vernunft vorgeschrieben, d. h. weil es Pflicht für mich ist. Offenbar kommt hier die physische Güte nicht in die Rechnung. Es mag eine gewisse Handlungsart noch so viel physische Güte (Tauglichkeit zur Beförderung eines Naturzwecks der Glückseligkeit) haben; so kann sie doch als Maxime (in Rücksicht auf die Willensbestimmung) verwerflich und böse seyn. Wenn ich z. B. Arme von meinem Vermögen speise und kleide, wenn ein Fürst nützliche Anstalten zur Erziehung der Jugend, zur Beförderung der Industrie macht, wenn ein Sachwalter sich des Rechts der Unterdrückten annimmt, bloß um Lob und Ehre einzuernbten — sind alsdenn diese Handlungen auch sittlich gut, weil sie physisch gut sind? Keineswegs. Sie haben alle ihren Lohn dahin. Nur alsdann sind sie sittlich gut, wenn sie aus Achtung gegen die Pflicht, gegen das Vernunftgesetz ausgeübt werden. So urtheilt die allgemeine Menschenvernunft. So urtheilt auch jeder Eudämonist, so bald er aufhört, consequent zu seyn, so bald er vergißt, daß ihm sein System nicht erlaubt, die Güte der Handlungen und Maximen nach einer andern Norm, als ihrem Verhältniß zur Glückseligkeit zu beurtheilen. Jedoch — der Vertheidiger des Prinzips der eigenen Glückseligkeit wird diese Maximen deßwegen für verwerflich halten, weil eine Handlung aus Ehrgeitz die Selbstbelohnung der Tugend nicht mit sich führe. Aber auch er vergißt sich in diesem Fall. Er bedenkt nicht, daß die Selbstbelohnung der Tugend in dem System, darinn die Tugend durchaus keinen absoluten Werth haben kann, ein Unding ist.

Wenn nun die Sittlichkeit nicht das Verhältniß der Maximen zur eigenen oder fremden Glückseligkeit, sondern das Verhältniß des freyen Willens zu den Forderungen der Vernunft ist, wenn das Rechtseyn der Maximen nur die Beschaffenheit des Begehrungsvermögens ausdrückt, daß eine Handlung um der Gesetzgebung der Vernunft willen ausgeübt wird; so ist es ganz ungegründet, zu sagen, um zu wissen was recht sey, müsse man einen materiellen Zweck vor Augen haben, müsse zuvor wissen, was nützlich sey. Wenn die Vernunft zur Beurtheilung möglicher Handlungslungsfälle dieses auch gleich bisweilen wissen muß, so geht ja dieß den Willen, folglich die Sittlichkeit, nicht das mindeste an, und ich habe, um zu thun was die Vernunft fordert, nicht nöthig zu wissen, was meine Glückseligkeit fordert. Es bedarf also durchaus keines höhern Grundsatzes der Sittlichkeit, als des formellen: handle (oder bestimme dich) nach den Forderungen der Vernunft.

„Was ist denn nun aber, werden die Gegner noch immer fragen, der Grund davon, daß ich meinen Willen den Forderungen der Vernunft unterwerfen soll? Dieses Gesetz muß doch irgend einen Grund, die sittliche Gesetzgebung einen Zweck haben."

Ich antworte: *) das Sittengesetz unterscheidet sich von allen andern Gesetzen dadurch, daß es nur in so ferne beobachtet werden kann, als es keinem andern Zweck untergeordnet wird, daß es nur in so ferne erfüllt werden kann, als es lediglich um sein selbst willen erfüllt wird.

Die Rechtfertigung dieser auffallenden Behauptung müssen wir in der Theorie des Vorstellungs- und Begehrungsvermögens suchen.

Ich unterscheide in dem menschlichen Vorstellungsvermögen drey Grade von Selbstthätigkeit; **) den ersten bey der sinnlichen Vorstellung, deren Form die Einheit der Apprehension ist. Die Handlung dieser

---

*) S. Reinholds Theorie des Vorstellungsverm. S. 99.
**) a. a. O. S. 534. f.

ser Apprehension besteht in der Synthesis des durchs Afficiertseyn gegebenen Mannigfaltigen, und die Spontaneität des vorstellenden Subjekts wird zu derselben durch das Afficiertseyn bestimmt, handelt also dabey im eigentlichsten Verstande gezwungen. Diese Handlung der Spontaneität verhält sich hier wie Gegenwürkung zur Einwürkung, und ist eine noth*wendige Folge derselben.

Der zweyte Grad der Spontaneität ist bey der Verbindung des durch Anschauung vorgestellten Mannigfaltigen, dem Begriffe. Dieß ist eine Handlung des **Verstandes**, zu welcher die Spontaneität durch kein Afficiertseyn, sondern bloß durch sich selbst bestimmt wird, wobey sie also **ungezwungen** handelt; eine Handlung, die ihren Grund nicht in etwas außer dem Gemüthe, und nicht in der Sinnlichkeit, sondern bloß im Verstande hat, der durch seine Selbstthätigkeit der Vorstellung ihr Daseyn giebt; weil aber der Verstand doch nur ein durch Anschauung vorgestelltes Mannigfaltige verbindet, so ist er an die Form der Anschauung gebunden.

Der dritte Grad der Spontaneität ist bey der Handlung der **Vernunft** und besteht in der Verbindung des in der **bloßen Natur des Verstandes** und durch die **bloße Form der Begriffe** bestimmten Mannigfaltigen, folglich der Begriffe, in wie ferne sie bloße Produkte der Spontaneität im zweyten Grade sind. Sie handelt als unbedingte, durch nichts von ihr selbst verschiedenes bestimmte, Spontaneität, und

die

die Vernunfteinheit ist die absolute Würkung des vorstellenden Subjekts. — *) Eben dieses Subjekt nun, das den Grund der **Möglichkeit der Vorstellung,** das **Vorstellungsvermögen,** in sich hat, hat auch den Grund der **würklichen Vorstellung,** die vorstellende **Kraft** in sich. Diese Kraft kann sich nur dem ihr gegebenen Vermögen gemäs äußern, und ist folglich a priori an die Form des Vorstellungsvermögens gebunden. Ihre Bestimmbarkeit durch den Trieb zu würklichen Vorstellungen heißt das **Begehrungsvermögen** (in weiterer Bedeutung). Wie nun die Vorstellung überhaupt aus zwey wesentlichen Theilen, **Stoff** und **Form** besteht: so läßt sich der Trieb nach Vorstellung überhaupt in den Trieb nach **Stoff** und den Trieb nach **Form** der Vorstellung unterscheiden. Der erstere hat das, was an der Vorstellung gegeben ist zum Objekte, und entsteht aus dem im vorstellenden Subjekte gegründeten **Bedürfnisse** eines **Stoffes,** den dasselbe nicht hervorbringen kann, verbunden mit der in seinem Vermögen bestimmten **Form** der **Receptivität.** Er kann nur durch das **Gegebene** befriedigt werden, und ist eigennützig. Er ist **sinnlich,** in engster Bedeutung, wieferne er durch die Form der Sinnlichkeit bestimmt ist, in eltgerer Bedeutung, in wie ferne er durch Sinnlichkeit in Verbindung mit dem Verstande bestimmt ist; er ist **vernünftig-sinnlich,** in wie ferne seine sinnliche Form, vermittelst seiner Verstandesform durch die Form der **Vernunft** modificirt wird. — Der eigentliche Gegenstand des vernünftig-sinnlichen Triebes ist

*) Theor. des Vorst. Vermög. S. 560. f. f.

ist ein Zustand, der aus der Befriedigung aller durch den Verstand bestimmten, und durch Vernunft aufs absolute ausgedehnten Triebe entstehn würde, die **Glückseligkeit.** Dieses Ideal der Glückseligkeit nun hat die Vernunft nur durch Verbindung *empirischer* Begriffe, folglich nicht ganz, sondern nur der Form nach aus sich selbst (a priori) hervorgebracht; es ist also zwar eine Frucht ihrer absoluten, aber nicht ihrer reinen Selbstthätigkeit, und sie selbst wirkt bey dem Triebe nach Glückseligkeit nur komparativ, nur in so ferne frey, als die Form des Unbedingten, die sie dem Triebe (dem es keineswegs unmittelbar um das Unbedingte, sondern lediglich um die Gegenstände des Genusses zu thun ist) ertheilt, die Wirkung der absoluten Selbstthätigkeit ist. Beym Wollen einer auf Glückseligkeit abzweckenden Handlung wird das Begehren durch Vernunft lediglich empirisch bestimmt, unter Voraussetzung des Triebes nach Vergnügen, und diese Handlungsweise erhält ihre Sanktion bloß von diesem Triebe.

Wird aber der Wille durch nichts, als durch die Selbstthätigkeit der Vernunft bestimmt, hat er nichts, als die Ausübung der Selbstthätigkeit, die bloße Handlung der Vernunft zum Gegenstande, so ist er reinvernünftig. Es ist ihm hier um kein anderes Objekt, das durch ein Gefühl der Lust im Begehrungsvermögen vorher bestimmt wäre, sondern bloß um die Realisirung der Handlungsweise der Vernunft zu thun.

Das

Das Objekt eines solchen Willens ist nicht bloß eine Idee in engerer Bedeutung, nicht eine zum Unbedingten erhöhte Verbindung empirischer Begriffe, sondern das Unbedingte selbst, die gesetzmäßige, uneigennützige, unveränderliche, selbstthätige, harmonische, vollkommene Handlungsweise.

Dieß ist das Ideal der reinen Vernunft, dieß die Frucht ihrer absoluten, reinen Selbstthätigkeit, dieß ist das Gesetz, daß sie unnachläßlich dem Willen vorschreibt, nicht weil irgend etwas anders würklich gemacht werden soll, nicht weil ein äußerer Grund diese Gesetzgebung fordert, nicht weil irgend ein Objekt derselben anders wodurch bestimmt, sondern bloß, weil sie Vernunft ist. Die Vernunftform, der kategorische Gegenstand des freyen Wesens, ist dem vorstellenden Wesen durch das Vernunftvermögen seiner Möglichkeit nach a priori gegeben und diese soll ihrer Würklichkeit nach außer dem Subjekte hervorgebracht werden. So nothwendig diese Form im vernünftigen Wesen a priori bestimmt ist, so nothwendig muß sie die Form des Handelns des freyen Wesens seyn, so ferne es Vernunft hat; sie muß das nothwendige Wollen eines freyen (reinvernünftigen) Wesens seyn, eben deßwegen, weil es vernünftig ist. In so ferne aber das vernünftige Wesen auch pathologisch afficirt ist, so stimmt sein Begehrungsvermögen mit den Forderungen der Vernunft nicht zusammen; weil nun dieß pathologisch afficirte Wesen zugleich vernünftiges Wesen ist, und als solches durch die Selbstthätigkeit der Vernunft bestimmbar,

bar, so wird das, was bey dem rein-vernünftigen Wesen nothwendiges **Wollen** seyn würde, nothwendiges (absolutes) **Sollen.**

Also liegt der Grund des Sittengesetzes nirgend anders, als in der Vernünftigkeit selbst, das vernünftige Subjekt ist **ein absoluter Grund,** durch die absolute Selbstthätigkeit der Vernunft, und das Objekt der Gesetzgebung ist kein anders, als die Realisirung ihrer Handlungsweise.

Liegt der Bestimmungsgrund des Willens im untern Begehrungsvermögen des Subjekts, so ist, wenn auch die Handlungsweise der Vernunft zu Hervorbringung des Objekts der sinnlichen Lust, realisirt würde, die Vernunftform nicht selbst Zweck, sondern bloß Mittel, und das vernünftige Wesen handelt nur im Dienste der Sinnlichkeit. Wird aber die Vernunftform nur um ihrer selbst willen beabsichtet, so handelt das vernünftige Wesen absolut selbstthätig.

Durch das Sittengesetz also ist dasselbe nicht einem Gesetze unterworfen, dessen Grund, dessen Objekt es irgendwo außer sich zu suchen hätte; es ist bloß dem Gesetze unterworfen, das es sich selbst giebt, das ihm durch seine Natur, weil es ein vernünftiges Wesen ist, vorgeschrieben wird; und dieß ist der Grund, warum das Sittengesetz keinem andern Zwecke untergeordnet, nur um sein selbst willen erfüllbar, vorgestellt werden darf.

Ich

Ich werde mich nun über die obige Behauptung weiter erklären, daß aus dem letzten Naturzweck bey freyen Wesen unmittelbar das Grundgesetz für ihre Handlungen fließe: Thue, was deine Glückseligkeit befördert. Ich erkenne bey empfindenden und vernünftigen Wesen einen gedoppelten Zweck der Natur. Ihr Verlangen nach angenehmen Empfindungen, das sich bey allen nach einer Naturnothwendigkeit findet, und die auf dessen Befriedigung abzweckende Einrichtung der Natur weist mich darauf hin, daß sinnliches Wohlseyn ein Zweck ihres Daseyns sey.

Ueberdieß aber belehrt mich die Einrichtung ihrer eigenen Natur, kraft deren ihnen Vernunft als ein praktisches Vermögen (das Einfluß auf den Willen hat) zugetheilt ist, daß sie verpflichtet sind, den Willen nach den Vernunftforderungen zu bestimmen, und sich durch beständige Uebung in Erfüllung dieser Pflicht der sittlichen Vollkommenheit immer mehr zu nähern.

Nun bin ich zwar weit entfernt zu läugnen, daß ein solcher sittlich guter Wille etwas absolut Gutes sey; ich behaupte dieß vielmehr, und sage, eben deßwegen, weil er das absolut Gute ist, ist er auch das höchste Gut, d. h. eben deßwegen, weil ein Wille eines vernünftigen Wesens, der sich selbst nach den Forderungen der Vernunft, eben darum, weil er die Verpflichtung hierzu anerkennt, bestimmt, etwas absolut Vollkommenes, etwas wahrhaft Gutes ist; so ist das Bewußtseyn, einen solchen Willen zu haben,

haben, die wahrste, höchste Glückseligkeit, denn es ist unmittelbar mit dem Genuß der Selbstschätzung (Selbstzufriedenheit) verbunden. Diese Selbstschätzung aber ist unstreitig allen übrigen angenehmen Empfindungen unendlich vorzuziehn. Sie ist der Hauptbestandtheil und die nothwendige Bedingung alles Vergnügens und aller Zufriedenheit; so wie Selbstverachtung die bitterste aller Empfindungen ist. *). Was aber die Quelle der höchsten Glückseligkeit (oder eigentlich der Seligkeit) ist, ist natürlicher Weise das höchste Gut.

Weil nun aber die Willensgüte in einem vernünftigen Wesen immer auch mit dem Bewußtseyn derselben verbunden ist, so sage ich nicht, die Willensgüte selbst sey der ganze letzte Endzweck des Daseyns vernünftiger Wesen, welches freylich nicht das geringste ungereimte hat, **) wie die Eudämonisten wähnen, sondern ich sage der gute Wille und der Selbstgenuß desselben, die Seligkeit, sey, nebst der Glückseligkeit, dem sinnlichen Wohlseyn, der ganze höchste Endzweck ihrer Existenz. ***) — Sinnliches Wohlbefinden ist also niedrigerer, folglich untergeordneter Zweck.

Fasse

---

*) Ich wiederhohle es nicht, daß auch die Eudämonisten dieses sagen, ohne es nach ihren Grundsätzen sagen zu können, nach denen der Wille nie etwas absolut Gutes seyn kann.

**) Vergl. Schmids Vers. einer Moralphilosophie, §§ 140. 141.

***) Das höchste Gut. Kants Crit. d. pr. Vern. S. 235.

Fasse ich nun Seligkeit und sinnliches Wohlseyn unter dem Namen der Glückseligkeit zusammen, so kann ich mit Recht sagen, das höchste Gesetz meiner freyen Handlungen (nicht der Sittlichkeit, sondern meines ganzen Handlens) ist der aus dem letzten Naturzweck meines Daseyns unmittelbar fließende Grundsatz: Beförbere deine Glückseligkeit. Nun ist auch aus dem vorhergehenden deutlich, warum ich sagte, der Hauptsatz dieses Grundsatzes, wenn wir ihn analysiren, sey der: Beförbre deine Glückseligkeit durch Sittlichkeit, und warum ich behauptete, das Prinzip der Eudämonisten könnte nur alsdann gültig seyn, wenn das Grundgesetz der Sittlichkeit als höchstes Gesetz der Willensbestimmungen — mit eingeschlossen wäre d. h. wenn es auch nach ihrem System in das (formale) Grundgesetz der Sittlichkeit, als den Haupttheil, und den Grundsatz des sinnlichen Wohlseyns, als den untergeordneten Theil, zerlegt werden könnte. Bey ihnen aber ist es gerade umgekehrt. Der Grundsatz der angenehmen Empfindungen ist dem formalen der Sittlichkeit, die dadurch zur bloßen Nützlichkeit herabgewürdigt wird, übergeordnet. — Nur heißt der Satz: Beförbere deine Glückseligkeit durch Sittlichkeit (oder Tugend) nichts anders, als: sey sittlich gut. Denn ich bin weit entfernt, die Glückseligkeit zum Criterium der Sittlichkeit machen zu wollen. Ich sage, es ist eine unnachläßliche Forderung an dich, gut zu seyn. Wenn du dieß bist, so hast du bereits das Hauptelement der Glückseligkeit. Damit ist es nun nicht so gemeynt, als ob das Prinzip der Sittlichkeit seine Sanktion von dem Verlangen,

oder

oder der Bestimmung, glücklich zu seyn, erhielte. Sondern nur, die Sittlichkeit sey die conditio sine qua non der Glückseligkeit.

Ich sage vielmehr, daß ein vernünftiges Wesen, wenn es auch ohne Empfindungsfähigkeit (Gefühlvermögen) wäre, so wäre es dennoch zur Sittlichkeit, als ein solches, kategorisch verpflichtet.

Eben dadurch, daß das Gesetz der Sittlichkeit kategorisch, ohne die Bedingung der Glückseligkeit, gebietet, ist ein Wille der ihm gehorsam ist, etwas Gutes an sich, und dadurch daß er dieses ist, ist er die unmittelbare Quelle der Seligkeit.

Der höchste Grundsatz der freyen Handlungen: Befördere deine Glückseligkeit enthält also fürs erste das Grundgesetz der Sittlichkeit: Bestimme dich nach Maximen, die dir die Vernunft vorschreibt (und zwar eben deßwegen, weil sie solche vorschreibt); Er enthält aber fürs andere auch den Grundsatz: Befördere deine sinnliche, äußere Glückseligkeit.

Diesen andern Satz schreibt eigentlich die Sinnlichkeit, das Bedürfniß angenehmer Empfindungen vor *). Dieses Gesetz der Sinnlichkeit ist nothwendiger Weise bey einem vernünftigen freyen Wesen dem Grundgesetz der Sittlichkeit, der Gesetzgebung der Vernunft, untergeordnet.

Daraus

―――
*) „Glücklich zu seyn ist nothwendig das Verlangen jedes endlichen vernünftigen Wesens. Die Zufriedenheit mit seinem ganzen Daseyn ist ein durch seine endliche Natur selbst ihm aufgedrungenes Problem." Critik d. pr. Vernunft. S. 45.

Daraus folgt, daß ich meine sinnliche Bedürfnisse und Neigungen nie mit Uebertretung des Gesetzes der Tugend, durch lasterhafte Handlungen, befriedigen darf, daß ich jederzeit verpflichtet bin, meine Neigungen den Forderungen der Vernunft aufzuopfern.

Als vernünftiges Wesen also stehe ich unter der Gesetzgebung der Vernunft, ich bin zur Unterwerfung meines Willens unter das Gesetz der Sittlichkeit verpflichtet.

Als Sinnenwesen stehe ich unter dem Gesetz der Sinnlichkeit, d. h. ich muß meine äußerliche Glückseligkeit wünschen und ihren Forderungen nachgeben.

Weil ich aber auch als Sinnenwesen, nicht in Ansehung meiner Bedürfnisse, aber in Ansehung meiner Thätigkeit, frey bin *), und in so fern ich es bin, in so fern meine Handlungen durch meine Vernunft regiert werden können, und ich die Gesetzgebung der letztern für meine höchste Gesetzgebung zu erkennen habe, so darf ich nur in so fern den Forderungen der Sinnlichkeit nachgeben, als es die Vernunft erlaubt. Ich darf mich durch meine sinnliche Bedürfnisse und Triebe zu keinen unsittlichen Handlungen verleiten lassen.

Daher heißt das höchste Gesetz für alle meine freye Handlungen, das ich von dem höchsten Grundsatz der Sittlichkeit unterscheide:

Be-

---

*) Oder: Weil meine Vernunft Cáussalität in der Sinnenwelt hat.

Bestrebe dich gut und glücklich zu seyn.

Die Exposition des ersten Theils giebt das Sittengesetz, die des andern aber die Erfahrung.

Man könnte diesen Grundsatz auch so ausdrücken: Suche deine Glückseligkeit in Harmonie mit der Sittlichkeit aus allen Kräften zu befördern.

So richtig dieses Grundgesetz der freyen Handlungen ist, so gewiß ist es dennoch, daß es nicht für den höchsten Grundsatz der Sittlichkeit, d. h. für das Gesetz, das uns sage, wie wir handlen müssen, um recht zu handlen, — angesehn werden dürfe, als welches nur implicite darinn enthalten ist; denn so bald dieses geschähe, so würde man nothwendig in den großen Fehler der Evdämonisten verfallen, den Begriff der Glückseligkeit ganz Epikurisch zum Erkenntnißgrund des Guten und Bösen zu machen und dadurch die ganze Sittlichkeit zu untergraben und zu zernichten. Der Zusatz: „in Harmonie mit der Sittlichkeit" würde alsdann nur ungefähr sagen wollen: „so daß du nicht um eines gegenwärtigen geringeren Vergnügens willen ein entferntes wichtigeres aufopferst."

Die Ursache, warum ich in dem höchsten Gesetz aller freyen Handlungen mit dem Prinzip der Sittlichkeit das der Glückseligkeit, als untergeordnetes, verbinde, ist, wie schon aus dem Vorhergehenden erhellet, die, weil wir, in so fern wir Absichten haben und handlen, nicht nur Intelligenzen, sondern auch

Sinnen-

Sinnenwesen, nicht nur zur Sittlichkeit verpflichtete, sondern auch der Glückseligkeit bedürftige Geschöpfe sind, weil das oberste Gut, die Sittlichkeit noch nicht unser vollständiges *) Gut ist.

Noch besorge ich, bey einigen meiner Leser durch meine bisherige Darstellung mich nicht ganz von dem Verdacht befreyt zu haben, als ob das Resultat meiner Untersuchungen, aller Protestation ungeachtet, doch eben das System sey, das ich zu bestreiten unternommen hatte.

Ich mache ja, könnte man sagen, den Grundsatz: „Befördere deine Glückseligkeit" zum höchsten Prinzip aller freyen Willensbestimmungen, eben so, wie der Vertheidiger des Prinzips der Selbstliebe. Und diesem höchsten Gesetz ordne ich das Prinzip der Sittlichkeit unter, gerade so, wie Er.

Um diesem Vorwurf zu entgehn, stelle ich nun die Verschiedenheit unsrer Systeme noch in einer kurzen Uebersicht dar.

Ich bin mit dem Eudämonisten völlig einig in der Behauptung, daß der, der alles thut, was er zur Beförderung seiner Glückseligkeit thun kann, ein sittlich guter Mensch sey, oder, wenn wir den Satz umkehren, daß der Gute seine Glückseligkeit auf die sicherste Weise befördere.

In Rücksicht aber auf unsre Gründe für diese Behauptung und auf die Folgerungen, die wir daraus herleiten, sind wir sehr verschieden.

Fragt man nehmlich den Eudämonisten, warum er behaupte, der Tugendhafteste sey der, der am besten

---
*) Schmids Moralphilosophie. § 171.

F

sten für seine Glückseligkeit sorge, so wird er antworten: "darum, weil er auf Beförderung des höchsten Zwecks, den ihm die Natur für seine freyen Handlungen vorgeschrieben hat, nach allen seinen Kräften hinarbeitet, weil er die Absicht des Schöpfers, sei e eigene Glückseligkeit, auch zu **seiner** Absicht macht. Denn darinn besteht die Tugend, daß man den letzten Naturzweck auch zum Ziel seiner freyen Handlungen macht.

Wir würden gar nie auf den Gedanken gekommen seyn, von **guten** und **bösen** Handlungen, von Tugend und Laster zu reden, wenn nicht die ganze Einrichtung der Körper- und Geisterwelt uns die Glückseligkeit empfindender denkender Wesen als letzten Naturzweck geoffenbart, und die Erfahrung uns gelehrt hätte, daß gewisse Handlungen unser Wohl befördern, andere ihm Abbruch thun. Die ersteren nun nennen wir gute, die letztern schlechte Handlungen.*)"

Ich hingegen antworte auf die Frage: "Warum der, der am besten für seine Glückseligkeit sorge, der Tugendhafteste sey? "Er ist nicht darum tugendhaft, weil er für seine Glückseligkeit sorgt; wenn dem so wäre, so gäbe es gar kein lasterhaftes Geschöpf, denn alle bestreben sich glücklich zu seyn. Es gäbe nur viele Thoren, die die unrechten Mittel zu ihrem Zweck wählen. — Sondern, **dadurch, daß er tugendhaft ist, sorgt er auf die beste Weise für seine Glückseligkeit.** Die Tugend besteht nemlich darinn, daß man seinen Willen (oder eigentlich daß der Wille sich selbst) zu dem bestimmt, was

die

---

*) S. Braunschw. Journ. 12. St. 1788. S. 464. 466.

die Vernunft, als recht und gut, uns vorschreibt. Wenn ich nun etwas als recht erkannt habe, und habe dennoch dieser meiner Einsicht zuwider gehandelt, so fühle ich einen innern Widerspruch, der mich beunruhigt, und den ich nicht aufheben kann. Denn das Selbstgefühl sagt mir, daß ich verpflichtet bin, zu thun, was ich für recht und gut erkenne, d. h. was meine Vernunft mir vorschreibt. So lang nun ein innerer Widerspruch in meiner Seele ist; so bringe ich es zu keiner Geistesruhe, zu keiner Zufriedenheit. Wenn ich mich prüfe, und finde, daß ich etwas gethan habe, das ich als bös erkannte, von dem ich also wußte, daß ich vollkommen verpflichtet sey, es zu unterlassen, so muß ich, als einen bösen, nichtswürdigen Menschen, mich selbst verachten. Diese Selbstverachtung aber läßt unmöglich ein Vergnügtseyn in meinem Gemüth aufkommen. Im Gegentheil, wenn ich mir bewußt bin, einen Willen zu haben, der sich nie (oder doch sehr selten) zu etwas bestimmt, das unrecht ist, das die Vernunft verbietet, sondern gern ihren Forderungen gehorcht, wenn ich mir eines guten Willens bewußt bin, so bin ich mit mir selbst einstimmig, und wenn etwa meine sinnliche Neigungen mir den Gehorsam gegen die Gesetzgebung der Vernunft erschweren, und ich mich ihr dennoch unterwerfe, so giebt mir dieß Bewußtseyn ein Gefühl von eigener Kraft und Würde, und dieß Gefühl ist so beseligend, daß alle sinnliche Freuden wie nichts dagegen zu achten sind.

Je besser also mein Wille ist, desto lebhafter, dauerhafter und beseligender ist das Selbstbewußtseyn

sei-

seiner Güte; und weil dieses Bewußtseyn die höchste Seligkeit ist; so ist der Tugendhafteste auch der Glücklichste.

Die Ursache, warum dieses Bewußtseyn so beseligend ist, ist die, weil ein guter Wille etwas **absolut Vollkommenes und Gutes** ist, und dieses an sich Gute so sehr unser Eigenthum ist, als es in aller Welt nichts seyn und werden kann — weil wir es selbst sind.

Wenn ein guter Wille (wie in dem Eudämonistischen System) nur darum gut heissen könnte, weil er sich zur Wirklichmachung oder Erwerbung solcher Dinge bestimmte, die die Vernunft für Beförderungsmittel unsrer Glückseligkeit erklärte, wenn er also nur als Mittel gut wäre, seinen Werth erst von der zu beabsichtenden Glückseligkeit entlehnte; so wäre es unmöglich, daß das Bewußtseyn desselben uns so sehr beseligte; er müßte bey den meisten Menschen unter den vergnügenden Gegenständen, weit entfernt, daß er das höchste Gut seyn sollte, nur eine niedrige Stufe einnehmen. Wenn es an physischem Vermögen, beglückende Gegenstände wirklich zu machen, fehlte; so wäre wenig mit dem besten Willen ausgerichtet. Daher müßte das Bewußtseyn des Reichthums, körperlicher Kräfte, mächtiger Freunde u. dergl. viel erquickender und beruhigender seyn, als das Bewußtseyn eines guten Willens, ohne dergleichen äußerliche Vortheile, welches doch wider alle Erfahrung ist.

Der Gebrauch, den die Eudämonisten von der Wahrheit machen, daß Tugend das sicherste Mittel zur Glückseligkeit, oder vielmehr die unmittelbare Quelle der Seligkeit ist, ist der, daß sie diese Wahrheit zur

zur Bestätigung ihres Systems benutzen, und dadurch der Beschuldigung begegnen wollen, als ob das Prinzip der Glückseligkeit der Sittlichkeit gefährlich und zuwider wäre.

Sie schließen nemlich so: Wenn das Bewußtseyn, recht zu handlen die Quelle des angenehmsten aller Gefühle ist, so kann nach dem System der Glückseligkeit unmöglich eine Handlung für recht erklärt werden, die sittlich böse ist, und wiederum können durch dasselbe, aus eben dem Grunde, solche rechtmäßige Handlungen nicht untersagt seyn, die Aufopferung äußerlicher Glückseligkeit fordern, weil das Bewußtseyn der Willensgüte für allen andern Verlust reicher Ersatz ist. Und weil nun die Tugend nach aller vernünftigen Menschen Geständniß die Quelle des höchsten Glückseligkeit ist, so ist diß ein neuer Beweis, daß man, um tugendhaft zu seyn, so handlen müsse, daß man sein eigenes Bestes befördere; daß ich, um zu wissen, was recht sey, zuvor fragen müsse, was mir nützlich sey?

Mit welchem Recht kann aber der Vertheidiger des Prinzips der eigenen Glückseligkeit sagen, das Bewußtseyn einer tugendhaften Gesinnung belohne sich selbst, unmittelbar, sey die Quelle der höchsten Seligkeit? Wir wollen uns erinnern, was nach diesem System tugendhaft heißt, und heißen muß.

Tugend kann bey ihm nichts anders seyn, als die Beabsichtung seines eigenen Wohls. Der Tugendhafteste ist also der, der am eifrigsten nach angenehmen Empfindungen strebt. Weil es nun bey tugendhaften Handlungen nicht auf den Erfolg, sondern auf

F 3 die

die Absicht ankommt *), so bleibt auch das mißlungenste Streben nach Glückseligkeit immer noch Tugend. Ist es nun wahr, daß der, der von Herzen gerne glücklich seyn möchte, und es doch nicht ist, bloß durch seinen guten Wunsch der glücklichste sey? Kein gröberer Widerspruch ließe sich nicht denken! Aber freylich ist es auch noch keinem Eudämonisten beygefallen solchen Widersinn zu behaupten. Sie nehmen vielmehr obigen Satz, ohne sich die Inkonsequenz, deren sie sich schuldig machen, irren zu lassen, in dem Sinn, in dem alle vernünftige Menschen ihn nehmen, und die Erfahrung seine Wahrheit bestätigt, nemlich, daß der, der seinen Willen unbedingt zu dem, was seine Vernunft fordere, bestimme, der nach seinem Gewissen handle, durch das Bewußtseyn solcher Willensgüte die höchste Glückseligkeit genieße. Nun behaupte ich, diese Wahrheit sey so wenig geschickt, einen Pfeiler jenes Systems abzugeben, daß sie dasselbe vielmehr zu Grunde richte. Ich schließe so: Wenn es allgemein anerkannte, durch Erfahrung festbestätigte Wahrheit ist, daß das Bewußtseyn der Willensgüte, an sich, ohne Rücksicht auf anderweitige Zwecke, die dadurch erreicht werden könnten, die reinste, höchste Glückseligkeit gewährt; so kann diese Willensgüte nicht in der Absicht auf eigenes Wohlergehen bestehn, weil es widersprechend wäre, zu sagen, das Bewußtseyn einer mißlungenen Absicht auf Glückseligkeit gewähre selbst die höchste Glückseligkeit: Nun aber kann in dem System, darinnen es das höchste Gesetz für meine freye Handlungen ist, meine eigene Glückseligkeit

---

*) Braunschw. Journ. 1788. 12 St. S. 481. f.

keit zu befördern, die Willensgüte nichts anders seyn, als die Absicht auf meines Wohlseyns stete Erhöhung, (welches auch alsdann noch wahr bleibt, wenn die Willensgüte in den Gehorsam gegen die Vernunftforderungen gesetzt, diese aber von der Idee der eigenen Glückseligkeit abhängig gemacht werden); folglich wird das System der Selbstliebe durch jene allgemein anerkannte, fest bestätigte Wahrheit umgestoßen; indem nemlich ein falscher Begriff von Willensgüte, folglich von Sittlichkeit, darinnen zum Grund liegt. —

Ferner, wenn es etwas giebt, das nicht bloß vermittelst einer gewissen Einrichtung der Natur des Subjekts, die auf dessen Empfänglichkeit gestimmt wäre, sondern an und für sich (unmittelbare) Quelle der Glückseligkeit ist, so ist dieses Etwas nicht nur ein Gut (Mittel angenehmer Empfindungen), sondern etwas absolut Gutes: nun aber gewährt das Bewußtseyn eines guten Willens, ohne alle weitere Beziehung auf die Beschaffenheit des Lustsinns, durch sich selbst, nach dem allgemeinen Urtheil, einen Selbstgenuß, der alle angenehme Empfindungen der Sinnlichkeit weit übersteigt; folglich muß ein guter Wille nicht nur das höchste Gut, sondern selbst das (absolute) höchste Gute seyn. Denn nur dadurch, daß er dieses ist, kann er auch jenes seyn. *) — Unmöglich

---

*) Ich gebe es zu, daß das, was nicht empfunden wird, und beglückt, kein Gut sey (Brschw. Journ. 12. St. S. 486.); aber die Folgerung läugne ich, daß es nichts Gutes gebe, ausser in Beziehung auf unsere Glückseligkeit, daß absolute (sittliche) Güte und Vollkommenheit leere Begriffe seyen. — Wenn auch das Be-

lich ließe sich jene beseligende Selbstschätzung erklären, aus dem Urtheil: „mein Wille ist ein Gut" dieß könnte nur Freude, aber keine Achtung bewirken. Hingegen das Urtheil: „mein Wille ist gut" oder welches eben so viel ist, „ich bin gut" dieses Urtheil ist es, das jenen edlen Stolz, jene Selbstschätzung unmittelbar bewirkt, wodurch alles äußerliche Elend eine leichte Bürde wird, wofür der Weise, der Tugendhafte gern sein Vermögen, seine Vortheile, ihre Freunde und selbst sein Leben dahinopfert.

Wenn nun die Willensgüte nothwendig für etwas an sich Gutes zu erkennen ist, so ist das System falsch, welches nichts an und für sich, sondern alles bloß in Beziehung auf Glückseligkeit für gut oder bös, für recht oder unrecht erklärt. Es ist falsch, daß der Begriff des nützlichen in der moralischen Beurtheilung ein höherer Begriff sey, als der des Rechten und Guten.

Ich sage nun freylich, weil die Tugend die Quelle der höchsten Glückseligkeit ist; so mußt du — um glücklich zu seyn, (um den Zweck deines Daseyns zu erreichen), vor allen Dingen tugendhaft seyn.

Ich sage aber nicht: weil es Naturzweck deines Daseyns ist, oder, weil du ein Verlangen hast, glücklich zu seyn, so mußt du tugendhaft seyn; sondern wenn du glücklich seyn, wenn du den Zweck deiner Existenz erreichen willst. Ich suche die Verpflichtung zur Tugend nicht in meinem Bedürfniß zur

Bewußtseyn eines guten Willens nicht beseligte, so wäre er doch, nach dem Urtheil der reinen Vernunft, etwas Gutes, das einzige wahre absolut Gute.

zur Glückseligkeit, aus welchem ja kein **kategorisches Gesetz** für meinen **freyen Willen** folgen könnte; sondern in der Vernünftigkeit. Ich sage nur, dein Verlangen nach Glückseligkeit kann nie befriedigt werden, wenn du nicht tugendhaft bist, wenn du nicht dein erstes Gesetz für deine freyen Handlungen seyn läßt, deinen Willen nach den Forderungen der Vernunft zu bestimmen; indem du nemlich im entgegengesetzten Fall, weil du deine Verpflichtung hierzu dir nie abläugnen kannst, immer im Widerspruch mit dir selbst leben, dich als ein böses Wesen verabscheuen, und es auf diese Art nie zur Gewissensruhe, zur Zufriedenheit mit dir selbst bringen, und also unmöglich einer wahren Glückseligkeit genießen wirst. — Ich nehme daher das Gesetz der Sittlichkeit: „handle vernünftig" das seine Sanktion nicht von jenem letzten Zweck meines Daseyns (der moralischen und sinnlichen Glückseligkeit), sondern von der Natur eines freyen vernünftigen Wesens erhält, gar nicht als eine von dem Grundsatz der Glückseligkeit abgeleitete, und ihm subordinirte, Vorschrift an, wie die Eudämonisten, sondern behaupte vielmehr, der Grundsatz der eigenen Glückseligkeit sey nur alsdann als höchstes Gesetz für unsre freye Willensbestimmungen gültig, wenn er so erklärt werde, daß das formale Prinzip der Sittlichkeit den **Haupttheil**, das Prinzip der (sinnlichen) Glückseligkeit aber den **untergeordneten Theil** desselben ausmache.

Daß auf diese Art Glückseligkeit und Sittlichkeit von einander getrennt werden, halte ich, aus den in der bisherigen Abhandlung angegebenen Gründen, für recht